对真理来说,深信不疑是比谎言更危险的敌人。

——尼采

杨健 著

名言侦探

南京大学出版社

目录

01 每一位法国士兵的背包里都装着元帅的权杖　　001

谁说的？

不想当元帅的士兵不是好士兵

02 也许,"林肯"长久以来欺骗了所有的人　　008

谁说的？

你可以暂时欺骗所有的人,你甚至可以永远欺骗一部分人,但你不能永远欺骗所有的人

03 潘恩思想火星点燃的语言爆竹　　015

谁说的？

最少管事的政府是最好的政府

04 谁为《独立宣言》注入金句?

023

谁说的

人人生而平等

05 一个人的家就是他的城堡

031

谁说的

风能进,雨能进,国王不能进

06 倘若为铁血宰相设计一句台词

036

谁说的

真理只在大炮射程之内

07 一封未被编辑部刊发的公开信

044

谁说的

偏见比无知离真理更远

08 对"木犁与原子武器"之说的一些补充 052

谁说的?

斯大林接手的是一个木犁的俄国，而留下的是装备有原子反应堆的俄国

09 斯大林说了一则俄国故事? 061

谁说的?

胜利者是不受审判的

10 高尔基寓所的语言罗生门 068

谁说的?

作家是人类灵魂的工程师

11 两位最伟大段子手一起仰望的人 077

谁说的?

在真相穿上裤子之前，谎言已经跑了半个世界

12 错过波茨坦，就再也没机会了

084

谁说的?

我打仗就是为了捍卫人民罢免我的权利

13 圣女贞德作证，萧伯纳没说过，丘吉尔也没说过

092

谁说的?

我无法去看首演，但我将去看第二场——如果您的戏会演第二场的话

14 向天再借多少年?

100

谁说的?

给我 20 年，还你一个强大的俄罗斯

15 俄罗斯之大系于远东的小岛

108

谁说的?

俄罗斯虽大，但没有一寸土地是多余的

16 撒谎者不会承认自己撒谎

115

谁说的?
谎言重复千遍就是真理

17 关于"知识就是力量"的知识考古学

123

谁说的?
知识就是力量

18 比雪花更无辜的是伏尔泰

131

谁说的?
雪崩时没有一片雪花是无辜的

19 一切伟大的灵魂都由泪里生长

138

谁说的?
不曾哭过长夜的人,不足以语人生

20 别林斯基眼中的 "哈姆雷特" 145

谁说的
一千个人眼中有一千个哈姆雷特

21 我们走得太远，忘记了纪伯伦是怎么出发的 154

谁说的
不要因为走得太远而忘记为什么出发

22 到地狱去的路是由好意铺成的 162

谁说的
总是使一个国家变成人间地狱的东西，恰恰是人们试图将其变成天堂

23 第四次世界大战会怎么打？ 169

谁说的
我不知道第三次世界大战怎么打，但我知道第四次世界大战用的是棍子和石头

24 维也纳中央咖啡馆: 生活在此处

176

谁说的?

我不在咖啡馆,就在去咖啡馆的路上

25 灰色的回忆不能抗衡现在的生动

184

谁说的?

历史给人唯一的教训,就是人们从未在历史中吸取过任何教训

26 历史的"存在即被感知"

191

谁说的?

一切真历史都是当代史

27 英雄一登场,仆人就发笑

198

谁说的?

仆人眼中无英雄

28 言论自由旗号下的初夜权之争

206

谁说的❓

若批评不自由，则赞美无意义

29 婚姻的天机被苏文纨小姐泄露

213

谁说的❓

婚姻是一座围城，城外的人想进去，城里的人想出来

30 卡萨诺瓦的感官世界

220

谁说的❓

婚姻是爱情的坟墓

31 钱谷融是怎么找到丹纳的？

227

谁说的❓

文学是人学

32 身体能把灵魂甩多远

235

谁说的?

请慢些走,等一等灵魂

33 历史比现实残酷一些

242

谁说的?

莫斯科不相信眼泪

34 浸在鸡汤里的阿拉曼墓志铭

249

谁说的?

对于世界,他是一名普通的士兵;对于我,他是整个世界

35 电影台词里的中国可以说"不"

256

谁说的?

中国不能失去山东,就像西方不能失去耶路撒冷

36 1935年底的北平，那群不平静的青年 264

谁说的

华北之大，已经安放不得一张平静的书桌了

37 "裱糊匠"生平之快事也 271

谁说的

幸亏我不是欧洲李鸿章

38 佩雷菲特再造的拿破仑"中国睡狮论" 280

谁说的

中国是一只沉睡的狮子，一旦它苏醒过来，必将震撼世界

附录　我多么希望这些美丽的句子是真的　289

后记　299

01 每一位法国士兵的背包里都装着元帅的权杖

"不想当元帅的士兵不是好士兵",这句据说是拿破仑的名言在中国被玩坏了,譬如郭德纲版的"不想当厨子的裁缝不是好司机"。

事实上,拿破仑从来就没说过这句话,在法文里,你根本找不到与之对应的句子。牵强附会一点,法文里有个与之意思相近的句子:每一位法国士兵的背包里都装着元帅的权杖(Tout soldat francais porte dans sa giberne le baton de maréchal de France)。

从法文原版的"每一位法国士兵的背包里都装着元帅的权杖",到中文世界的"不想当元帅的士兵不是好士兵",被解释成不同语种之间的一次经典意译。而经郭德纲加工的段子证明，我们熟知的句子是何等脍炙人口。

但有一个致命的问题不得不提，无论在法语网络中，还是在法语文献里，"每一位法国士兵的背包里都装着元帅的权杖"与拿破仑也没有任何关联。换言之，在法国，你若把这句"男儿当自强"的励志语录挂在拿破仑名下，会被视为无稽之谈。

讽刺的是，在拿破仑的死对头英国，认为拿破仑说过这句话的却不乏其人。而在所有为拿破仑"正名"的英国人中，最权威者当属詹姆斯·伍德。这位十九世纪生活于爱丁堡的牧师兼作家，1893年编撰了一本影响力很大的《引文词典》。词典收录了包括英国在内的各个国家的28732句名言、警句和谚语。其中，拿破仑名言的第48句就是"每一位法国士兵的背包里都装着元帅的权杖"，法文英文双语表达（Tout soldat francais porte dans sa giberne le baton de maréchal de France——Every private in the French army carries a field-marshal's baton in his knapsack.）。

合理猜想，被中文世界消费的这句"拿破仑名言"，其源头就是詹姆斯·伍德编撰的《引文词典》，是语言转口贸易的产物。

问题是，在法国纯属无稽之谈的"拿破仑名言"，何以在英国中转时进入了词典？中间必有什么环节出了岔子，线索或许就藏在这句话的生产国。

如前所述，在法国，的确有"每一位法国士兵的背包里都装着元帅的权杖"一说，法文网络中也能搜到，甚至还有许多这个句子的微调版本。然而，在法文网络中搜到的绝大多数是处于没有言说者的"无主状态"。

当然，例外还是有的。有一个微调版本如是说："你们队列里的每一位士兵，子弹盒里都装着一根勒佐公爵所拥有的元帅权杖。"说话的人和说话的场合，都令人吃惊。

说这句话的人是路易十八，时间是1819年8月19日，地点是圣西尔军校（当时叫圣西尔军事预科学校）操场。那一天，是圣西尔军校1817年恢复招生后，第二届学员的命名仪式。命名仪式是圣西尔军校的传统之一，在学员结束第一年军训，升入第二学年，正式成为圣西尔人时举行。在仪式上，圣西尔校方以某个法军将领或某次重大战役的名字授予当届学员。在1819年8月19日的命名仪式上，用来命名的人，就是路易十八讲话中提及的勒佐公爵。勒佐公爵全名叫尼古拉·夏尔·乌迪诺，时任波旁王朝巴黎国民自卫队司令兼路易十八皇家卫队司令。

有趣的是，乌迪诺的元帅军衔是1809年拿破仑授予的。

此人原本就是拿破仑手下的将领,以作战勇猛、不顾生死著称。据说,乌迪诺一生受过的伤,大小共计36次,于是伤痕化作勋章。但当1814年法兰西第一帝国(拿破仑帝国)大势已去时,乌迪诺"弃暗投明",逼拿破仑退位。由此,拿破仑的心腹爱将,成为复辟者路易十八的卫队司令,直至成为圣西尔军校学员命名仪式上的主角。

还可补充一则极其重要的信息:作为当今世界四大军事院校之一的圣西尔军校,恰恰是拿破仑于1803年1月28日亲手创建的。该校的校训"为打胜仗而受训"出自拿破仑之口,该校的"雄鹰战旗"由拿破仑亲自挑选并授予,该校的培养目标"将军的苗圃"系拿破仑亲自定义。圣西尔军校的一切,均源自拿破仑。

1815年,拿破仑的法兰西第一帝国崩盘,波旁王朝复辟后,圣西尔军校一度被取消,1817年才恢复招生,但学校被降格为"军事预科学校"。拿破仑一手创建的"将军的苗圃",在路易十八治下任人处置。恢复招生后,为第二届学员命名的人,竟是拿破仑的叛将乌迪诺——历史,在此处对拿破仑扮了个无情的鬼脸。

而这个鬼脸所蕴含的其他一些历史信息,为路易十八所说的话何以挂在拿破仑名下,作了注解。"你们队列里的每一位士兵,子弹盒里都装着一根勒佐公爵所拥有的元帅权杖",这一句在时间轴上是所有相关句式的起点。此后,这句话在传播中,衍生出一系列近似的表达。譬如,在1826年出版的《现代历史画廊》中,是"每一位法国士兵都带着一面元帅的战旗";在1836年出版的《法语辞典》中,是"每一位法国士兵都有一条元帅的绶带"。

1842年,法国作家爱德华·查顿编辑了《国家选择指南》一书,书中也引用了类似的话:

> 巴黎理工学校(当时是一所培养炮兵和工程兵军官的学校)并不是一个人获得贵族军官资格的唯一途径。虽然从这所学校走出的法国元帅人数很少,但在这里,就像在军队的其他地方一样,每一位士兵的背包里都装着元帅的权杖。

《国家选择指南》里引用的话,就是当下法文网络里这句名言的正本。那爱德华·查顿又是引用了谁呢?

经过比对,应该是法国作家埃尔泽尔·布雷兹(Elzéar Blaze)于1837年出版的非虚构作品《拿破仑帝国统治下的军事生活》。布雷兹行伍出身,早年曾在拿破仑的卫队服役。

在拿破仑帝国终结后,他又继续效力于波旁王朝。1830年,布雷兹退伍,专事写作。《拿破仑帝国统治下的军事生活》就是他所撰写的一部军旅生涯回忆录。在这本书里,出现了那句所谓的"拿破仑名言":"每一位法国士兵的背包里都装着元帅的权杖。"不过,布雷兹书中并未明示这句话是拿破仑说的。

据中文拿破仑贴吧里一位叫Gustauv的网友考证,《拿破仑帝国统治下的军事生活》里出现的这个句子,是所谓"拿破仑名言"最终定型的法文版本。布雷兹的这部作品在十九世纪中期风行一时,英国很快就有了译本。詹姆斯·伍德《引文词典》中那句"拿破仑名言"的法文版本,就与布雷兹的句式一模一样。

至此,所谓"拿破仑名言"的演变过程与传播路径,大致呈现在人们眼前:在圣西尔军校里,路易十八口吐莲花,生成了这句话的雏形;其后在不同的书籍里演变出若干微调版本;直至布雷兹实现了法文版的一锤定音。而在法译英的过程中,英伦人张冠李戴,将路易十八的发明篡改为拿破仑的原创。最后,这个错误被中文世界笑纳。

以"知识考古学"的角度审视,这次传播中的"跑偏事故",是前互联网时代,信息未经即刻比对和公共审核的情况下所难免的差错。拿破仑太像也太有资格说出这句励志语录了。在拿破仑所缔造的军校里,他的颠覆者用他的语气奉上了一种带有他自己浓厚烙印的表达。这是那个时代对拿破仑最沉重的打击,也是对拿破仑最巨额的亏欠。好在时间用一种戏谑的方式,完成了对颠覆者的再颠覆,拿破仑最终获得了赔偿:一句不属于拿破仑的"拿破仑名言",传遍了法兰西之外的整个世界。

02 也许,"林肯"长久以来欺骗了所有的人

亚伯拉罕·林肯说过:你可以暂时欺骗所有的人,你甚至可以永远欺骗一部分人,但你不能永远欺骗所有的人(You may fool all the people some of the time; you can even fool some of the people all the time; but you can't fool all of the people all the time)。

这句话说得在理。它对谎言在不同维度——在时间和广度上的传播效能进行了评判,进而指出,尽管谎言拥有极大的魅惑力,但终将在某个交集里被挤出骨子里的假。而林肯作为一位"达到了伟大境界而仍然保持自己优良品质的罕有的人物"(马克思评),则与这句呼唤诚实的名言无比匹配。"林肯说过"似乎理所当然。

从中文网络信息的源流判断,显然是将外文网络的说法照单全收。搜索外文网站,"林肯说过"是主流的存在,一些比较重要的英文引语网站,如 Brainy Quote、Quote DB、Quotes 等,林肯名下都挂着这句名言。

总之,无论中外,这句林肯名言可谓影响深远,泽被后世。但名言考证中一个常见的问题随之浮现,那就是人们虽然总是说"林肯说过",但不能明确而权威地说出"林肯何时何地对谁说过"。中外网络都没能给出答案。如果说"林肯说过"是一支中了靶的箭,那么在哪个场合"林肯说过"则像这支箭所离开的弦。人们所能做的,无非是沿着这支箭飞行的轨迹逆行,去寻找那根若隐若现的弦。

在英美各大媒体的评选中,林肯几乎都毫无争议地当选美国历史上"最伟大的总统"。他的伟大,不可忽略的一点在于他同时是一位雄辩的演说家,而好口才是公共政治人物必备的素质。如此精彩的句子应该是出自某个公开场合的表达——演讲或辩论。

德国传记作家艾密尔·鲁特维克所写的《林肯》(国际文化出版公司 2003 年 7 月版,赵倩译),支撑了上述猜想。这本以凡人视角撰写的林肯传记,花大量笔墨描述了传主的生活感受、心路历程和性格变化。在《林肯》第三部第15章《大辩论·二》中，出现了人们想找的句子，原文如下：

> 最让他（林肯）难以忍受的，并不是对黑人们的诅咒，而恰恰是白人内心的惰性：因此，比起那些承认自己罪恶的激进的南方奴隶主，林肯的内心深处更加痛恨道貌岸然的道格拉斯之流。"我痛恨这种事不关己的态度。"在一次演讲中林肯说道："它削弱了我国人民的法律观念；它帮我们的敌人找到借口污蔑我们是伪君子，同时又使得那些真正的自由斗士们怀疑我们的正直。"还有一次，他说："如果你们只是习惯于践踏你们周围人的权力，那你们也就失去了自己自由的保护神。因为你们将臣服于你们当中产生出来的第一个狡猾的暴君。如果选举的结果预示下一个'斯科特案'以及今后所有的裁决都将得到人民的默认，那么历史告诉我们，你们离失去自由的日子就已经不远了。你可能在某些时候欺骗所有人，也可能在所有时候欺骗某些人，但你不能在所有时候欺骗所有人。"（第194—195页）

所谓"大辩论",是指1858年夏天,林肯与民主党人斯蒂芬·道格拉斯为争夺伊利诺伊州一个联邦参议员席位而进行的系列辩论,话题是关于奴隶制的存废。两人在州内各地共辩论了七场,每场包括三部分:第一部分,甲演说一小时;第二部分,乙演说一个半小时;第三部分,甲再演说半小时。问题是,根据《林肯》书中表述"还有一次,他说",人们无法判断林肯的这句名言究竟出自第几场辩论的第几部分演说。更重要的是,由于传记中的转引属于二手资料,人们无法确认这句名言的可信度。

关于这次辩论,有没有更靠谱的文字记载呢?回答是肯定的。《无敌:林肯一生的演说》(黑龙江教育出版社2013年10月版,麦克卢尔编,张爱民译)收录了林肯在世时发表过的全部演说词,包括著名的葛底斯堡演说、首任总统就职演说和第二任总统就职演说。当然,也包括1858年夏天林肯与道格拉斯所进行的这次辩论(第167—212页)。对此书进行全文搜索,遗憾的是,未见这句话及近似句式。一手文献否定了二手资料。

由此,这句貌似无可置疑的林肯名言有了可疑之处。事实上,对林肯名言有疑问的人虽少,却并非没有。引语调查者网站（Quote Investigator）的创办人加森·奥图尔就是一位，他通过检索美国历史数据库所得出的结论石破天惊。根据加森·奥图尔的考证，"林肯名言"第一次出现的时间是在林肯去世后20年，即1885年，与十九世纪末美国的禁酒运动有关。

1885年9月9日，纽约州《雪城每日标准报》刊发了一篇关于禁酒党召开大会的报道。在这次会议上，法官威廉·格罗发表讲话，严厉抨击了政客们愚弄公众的行为，他在演讲中称：你可以暂时欺骗所有的人，你甚至可以永远欺骗一部分人，但你不能永远欺骗所有的人（You can fool all the people part of the time, or you can fool some people all the time, but you cannot fool all people all the time）。格罗所言，是迄今与"林肯名言"最接近也是最早的一句，但他演讲时没有点明这句话的出处。

次年，也就是1886年3月8日，纽约州《奥尔巴尼时报》刊登了一篇对该州禁酒党领袖弗雷德·惠勒的专访文章。惠勒在答记者问时再次提到了这句话，而且指出这句话的原创者是林肯，他的表述是"人们应该记住林肯的名言……"惠勒所言，第一次把这句话同林肯联系在了一起。

至此,这句名言已经不再颠扑不破。不过加森·奥图尔并没就此打住,他还进一步探究了这句话的法语源头。

1684年,法国新教教士雅克·阿巴迪写了一本神学著作《论基督教真理》(*Traité de la Vérité de la religion chrétienne*)。这本书的第二章里有一句话:一个人可以(永远)欺骗一部分人,或者在某时某地欺骗所有的人,但是他不能在全部时空欺骗所有的人(法文:ont pû tromper quelques hommes, ou les tromper tous dans certains lieux & en certains temps, mais non pas tous les hommes, dans tous les lieux & dans tous les siècles; 英文:One can fool some men, or fool all men in some places and times, but one cannot fool all men in all places and ages)。

加森·奥图尔认为,雅克·阿巴迪书中的话,是"林肯名言"的雏形。而狄德罗主编的《百科全书》第四卷之哲学形而上学词条引用了阿巴迪的话。

由于雅克·阿巴迪《论基督教真理》没有中译本,《百科全书》在国内也只有一个从英语转译过来的选译本《丹尼·狄德罗的〈百科全书〉》(辽宁人民出版社1992年2月版,斯·坚吉尔英译,梁从诫中译),书中未收入相关章节。因此,无法核实"林肯名言"的法语源头。然而,仅就加森·奥图尔的考证而言,林肯是否真的说过这句"林肯名言",成了一个问题。

人们只能说,"你可以暂时欺骗所有的人,你甚至可以永远欺骗一部分人,但你不能永远欺骗所有的人"是一个真理。也许林肯说过,也许"林肯说过"长久以来欺骗了所有的人。

03 潘恩思想火星点燃的语言爆竹

在西方,一位保守派政治人物借以标榜自己政治立场的,无非是表达对政府尤其是全能政府的警惕。

1981年1月20日,罗纳德·里根在首届总统任期的就职演讲中说过一句脍炙人口的名言:在目前的危机中,政府并不是问题的解答,而是问题本身。(《美国总统就职演说全编》第330页,中国文史出版社2009年2月版,武军、武巍等译)

什么危机让政府成了问题?里根演讲给出了答案,那是美国历史上为时最久、最严重的通货膨胀之一。自20世纪60年代中期起,这场通货膨胀就折磨着美国社会,一直持续到里根上任。

政府的问题在哪里？里根演讲同样给出了答案。政府总想大包大揽，于是政府权力扩张、治理体系扩容、公共开支扩大，随之赤字上涨，终而寅吃卯粮。一言以蔽之，因为政府管得太多，结果什么都没管好。这位共和党右翼的旗帜人物进而对"大政府主义"的政治哲学信条——精英治理理论提出了质疑：一个由精英群体管理的政府真的优于一个民享、民治、民有的政府？但是，如果我们当中没有人能管理自己，那么，谁又有能力去管理别人呢？

里根的这次演讲，是现代美国政治保守派的纲领性文本。不过，回顾美国政治传统，"政府问题论"可谓源远流长。在这个话语谱系里，里根名言只能算作末梢，而另一句话才具有种子的价值——最少管事的政府是最好的政府（That government is best which governs least）。

在中文网络里，"最少管事的政府是最好的政府"一般被挂在亨利·梭罗名下，但也有相当一部分人认为这是托马斯·杰斐逊的创造。

事实上，杰斐逊从来就没说过这句话，哪怕是引用。诚然，在美国开国先贤中，以杰斐逊为代表的反联邦党人素来对联邦权力的扩张持否定态度，政府乃守夜人而非主宰者的观念根植于他们思想深处。譬如，杰斐逊曾对中央集权进行过非常激烈的批评:"如果国内外一切政务,事无巨细,均集中在作为一切权力中心的华盛顿的话,一个政府部门对于另一个政府部门的牵制就成为无力的了,并且变为和我们与之分离的那个政府同样腐败和暴虐。"问题是,查阅杰斐逊所有的著述和言论,根本找不到"最少管事的政府是最好的政府"。

相反,在梭罗的作品里却能轻松找到这句话。在《论公民的不服从》一文开头,梭罗引用了一句名言:

> 我真心接受这一名言:"最少管事的政府是最好的政府";并希望它能更迅速更彻底地得到执行。执行之后,我也相信,它最终会变成:"一事不管的政府才是最好的政府。"只要人们对此有所期待,他们就会得到那样的政府。充其量政府只不过是一种权宜之计,但大多数政府往往不得计,而所有的政府有时都会不得计。人们对常备军提出的意见很多,也很有分量,值得广泛宣传。但它最终也可能会用来反对常备政府。常备军只是政府的一个手臂,政府本身是由人民选择用来执行他们意志的一种模式。但是在人民能够通过它采取行动之前,它同样有可能被引入歧途,滥用职权。请看

当前的墨西哥战争,这是相对少数人把常备政府当工具使用的例子。因为在一开始,人民并不同意采取这种手段。(《美国的历史文献》,第152页,生活·读书·新知三联书店1989年12月版,赵一凡编,本文由张礼龙译)

《论公民的不服从》是梭罗最重要也是最著名的政治论文,写于1846年他在康科德镇外的瓦尔登湖畔隐居期间。梭罗写《论公民的不服从》,主旨是反对美国政府挑起美墨战争,动因却是为了抗议自己因拒交人头税而被当局羁押一事。所以,梭罗的"公民不服从"带有强烈的"反对政府权力侵蚀个人权利"的意味。从伸张个人权利的角度论,其逻辑的演进必然是从"小政府主义"迈向"无政府主义",一如梭罗在文中所表述的,他不但希望政府少管事,而且期待政府不管事。

那么,梭罗引用的"最少管事的政府是最好的政府"又出自谁人之口呢?加州大学洛杉矶分校法学教授尤金·沃罗克就此做过考证,最早说这句话的是《美国民主评论》的创办人约翰·奥沙利文。尤金·沃罗克的文章被"禅心云起"译成了中文,网上不难找到。

《美国民主评论》创刊于 1837 年,奥沙利文在创刊社论中写下了这句名言。以下文字摘自奥沙利文的创刊社论,转引自尤金·沃罗克考证文章的"禅心云起"译本:

> 正是在"政府"这个词下隐伏暗礁。政府,被解释为集权一统的力量,管理和指导着社会的各种普遍利益。一切政府皆为恶,也是诸恶之源。一个强大而奋发的民主政府,在"政府"这个词的共通意义上,也是一种恶,只在程度和运作方式上,而非在性质上,才与强大的专制政府有别。
>
> 最好的政府是管得最少的政府(译文如此,英文原句与梭罗《论公民的不服从》中所引用的句子相同)。无论把关涉社会整体利益的立法权托付给谁,由谁来直接或间接地运营共同体的事业和财产,都既不安全也不可靠。事实上,纵观人类社会和政府的整个历史,能够可靠证明这种权力的滥用超过其有益用处千倍以上。政府插手民众的普遍事务和利益,应该尽可能少。如果把这些功能,承认为政府行动的合理权限,那就不可能对它说"到此为止,不可再进",也就无法把它拘限于共同体的公共利益。它将永远被私利集团所损害,四处撒播

坠落的种子,导致社会道德严重滑坡。

奥沙利文的《美国民主评论》于1859年停止出版,从创刊到停刊的22年间,"最好的政府是管得最少的政府"一直是该杂志评论的座右铭。这句话在十九世纪中叶的美国知识分子中有着非凡的号召力,梭罗的引用即是一例。而梭罗的朋友爱默生也在1844年撰写的论文《政治》中引用了这句话,只是句式作了改款:我们的政府管得越少越好(The less government we have, the better)。

鉴于奥沙利文的名言是基于对公权力背后人性的深刻质疑,有人猜测在他之前或许已有人说过这句话,主要怀疑对象是美国独立的精神之父托马斯·潘恩。

之所以称潘恩为美国独立的精神之父,是因为他对英国在北美殖民地的暴政进行了猛烈抨击,而英国的君主政体又是他的主要标靶。潘恩的《常识》堪称一本"反政府(英国政府)"的语录大全。在《常识》以及潘恩其他一些著述中,有大量限制、否定政府权力的论述,称这些论述是后世"政府问题论"的思想泉眼,毫不为过。

譬如,在《常识》中,潘恩开宗明义:"社会是由我们的欲望所产生的,政府是由我们的邪恶所产生的。……社会在各种情况下都是受人欢迎的,可是政府呢,即使在其最好的情况下,也不过是一件免不了的祸害;在其最坏的情况下,就成了不可容忍的祸害。"(《潘恩选集》第3页,商务印书馆1981年5月版,马清槐译)

在《人权论》中,潘恩更是鲜明指出:

> 在人类中占支配地位的秩序,多半不是政府造成的结果。……凡是交给政府去做的事,社会几乎都可以自己来做。……政府的必要性,最多在于解决社会和文明所不便解决的少量事务,众多的事例表明,凡是政府行之有效的事,社会都已无须政府的参与而一致同意地做到了。……文明越是发达,越是不需要政府。……如果我们回顾一下英国各个时期发生的暴动和骚乱事件,我们就会发现这些事件的爆发并不是由于缺少一个政府,政府本身倒是导致它们爆发的原因。(《潘恩选集》第229—232页,商务印书馆1981年5月版,吴运楠、武友仁译)

无须赘言,无论是奥沙利文的名言,还是里根的金句,都是潘恩思想火星所点燃的语言爆竹。虽然潘恩没有明确说过"最少管事的政府是最好的政府",但他对"政府乃必要之恶"的观念诠释得无比清晰。以警惕之心审视"必要之恶",实在善莫大焉。

04　谁为《独立宣言》注入金句？

"人人生而平等",因为1776年的美国《独立宣言》而广为传播。这句话,堪称美国独立战争时期甚至整个世界近代史上最有持久影响力的单一短句。你可以在1789年颁布的法国《人权宣言》、1945年胡志明草拟的越南《独立宣言》和1948年联合国通过的《世界人权宣言》上,看到这个短句的微调版本;你也可以在近两个半世纪以来一些知名政治人物的公共演讲中,听到这个短句的铿锵引用。

"人人生而平等",嵌在美国《独立宣言》第二段的段首。《独立宣言》因为有了"人人生而平等",成为一个可供传诵的经典文本。

1776年6月10日,大陆会议响应弗吉尼亚州代表理查德·亨利·李(南北战争时期南军总司令罗伯特·李的叔祖)的提案,任命了一个由约翰·亚当斯、本杰明·富兰克林、托马斯·杰斐逊、罗伯特·利文斯顿、罗杰·谢尔曼组成的五人小组,起草文告以宣示独立之决心。其中,托马斯·杰斐逊为执笔者。杰斐逊在完成初稿后,交由德高望重的富兰克林审阅。富兰克林有广告文案的天分,更擅长修辞。当看到"人人生而平等"时,他提笔为这句话的前置导入语做了修改,将杰斐逊原文中略显拖沓冗长的"我们认为这些真理是神圣和不可否认的……"改为"我们认为这些真理是不言自明的……"。

事实证明,富兰克林这个充满灵感的修改,配得上他那登上一百美元大钞的尊容。"人人生而平等"因与"不言自明"搭配,而具备了先验的色彩、神启的威仪。

不过,检视"人人生而平等"的语境,它似乎更应该译作"人人被造而平等"。因为,赋予众生平等的是造物者。"造物者"乃"权利"的先决条件,作为一种价值观贯穿于《独立宣言》。

显然,《独立宣言》是一个具有浓厚基督教背景的政治史文本。美国独立,本质上是清教徒移民的立国实验。考察《独立宣言》的形成过程,不难发现美国开国先贤的政治信念与宗教信仰之间的内在联系。华盛顿说过,没有宗教的原则,国家的道德就不可能建立。而刻在华盛顿杰斐逊纪念碑上的碑文,更直白地阐述了《独立宣言》所蕴含的价值观:"给我们生命的上帝,同时也给了我们自由。这些自由是上帝的恩赐。如果我们将人们心中对此的确信除去,这个国家的自由还有保障吗?"

值得一提的是,在十三位美国国父中,《独立宣言》的执笔者杰斐逊恰恰是基督教倾向不那么鲜明的一位。而在撰写《独立宣言》时,他还是个自然神论者。这是杰斐逊深受欧陆理性主义思潮影响的佐证,他认同上帝创世,但在"上帝是否监管这个世界"方面,杰斐逊要比汉密尔顿等正统基督徒激进一些,他更认同世界是按照其本身规律存在和发展的。撇开上述区别不论,美国开国先贤们在一点上达成共识,即因为相信有一位造物主,所以人人被造而平等。"人权—天赋",是上帝律法的一部分。

纵观人类文化史,各个文明形态或多或少都表达过平等的愿望,但只有基督教真正提出了所有人一律平等的观念。《圣经》所说"人都为神所造"和"上帝不偏待人",为基督教的平等观提供了神判的基础。而基督教原罪观,则是对等级社会的一种否定。

作为基督教平等观的新大陆实践，《独立宣言》在两个方面有所继承：其一，《独立宣言》所倡导的平等观是"神本主义"的平等观，每个人受造于上帝，人唯有在神面前平等，才能实现在人面前平等；其二，《独立宣言》所表达的平等是所有人的平等，在神的俯瞰下，无论富贵还是贫贱、无论统治者还是被统治者、无论国王还是草民甚至奴隶，都不可轻慢和忽视，都有权进入天国。

与此同时，在将平等看成一种社会政治权利的理解上，《独立宣言》比之基督教又有所突破。《独立宣言》所言的平等，是基于自由的平等，而非那种平均主义的、削足适履式的平等。林肯曾对《独立宣言》中的平等观有过解读：他们不是宣布所有人在所有方面都平等，他们不是说所有人在肤色、身材、智力、道德发展或社会能力方面都平等，他们界定了可以容忍的差异。提出"基于自由的、有差异的平等"，正是《独立宣言》对基督教平等观的发展，是基督教平等观在现代化过程中的表达。

那么，问题来了："人人生而平等"作为一个提神的格言体短句，是《独立宣言》的首创吗？

翻阅《圣经》，可以找到许多带有平等意味的表述。譬如"神就照着自己的形象造人，乃是照着他的形象造男造女"，又如"无论何事,你们愿意人怎样待你们,你们也要怎样待人,因为这就是律法和先知的道理",凡此种种。但是,《圣经》并没有"人人生(被造)而平等"的句子。

在《圣经》的平等诉求与《独立宣言》的平等金句之间,究竟是谁完成了关键性的摆渡?

荷兰历史学家约翰·赫伊津哈给出了线索。在赫伊津哈所著《中世纪的秋天:14世纪和15世纪法国与荷兰的生活、思想与艺术》(花城出版社2017年1月版,何道宽译)一书第68页中,他告诉读者:教皇格里高利一世为即将来临的中世纪留下了"人人生而平等"的格言,这句格言以各种各样、略有变换的形式被反复使用……

有必要指出的是,在对中世纪起点的认定上,赫伊津哈与当下世界史通行说法不尽一致。我们所熟悉的是中世纪始于公元476年西罗马帝国灭亡。依此判定,格里高利一世担任教皇时期(590—604),欧洲已经迈进了中世纪的门槛。

格里高利一世生活的时代,欧洲社会刚进入"黑暗隧道"。对于漫长的中世纪而言,他是一个难以评判的角色。在教会话语中,格里高利一世享有"至圣""伟大"的荣耀,但在历史视野里,中世纪的黑暗恰恰在于教会统摄了一切,教权压倒了人权甚至君权。而格里高利一世,是此等局面的肇始者。正是他利用日耳曼蛮族入侵、西罗马帝国分崩离析后所形成的有利形势,增强了罗马教会的实力,提高了罗马主教的地位。在他之前,罗马主教受制于拜占庭皇帝,仅在罗马教区享有统治权,且仅限于宗教事务;而在他之后,罗马教会摆脱了拜占庭皇帝的节制,管辖权拓及整个西欧,且延伸到民事领域,罗马主教赢得了"普世牧首"的头衔。格里高利一世是教皇制的奠基者,是中世纪文化的缔造者,即所谓"中世纪教皇之父"。

除此之外,格里高利一世还是一位神学理论家,与奥古斯丁、安布罗斯、哲罗姆并称为拉丁教会四博士。格里高利一世神学理论的核心是什么?简单讲,就是认为知识尽在《圣经》之中。世俗知识,无用、无益、无趣,应加以反对。此人最著名的举措是一把火焚毁了罗马图书馆,因为"不学无术乃虔信之母"。

对世俗知识持否定态度的格里高利一世,穷其一生的思想活动都与基督教有关。与前辈思想家奥古斯丁相比,格里高利一世不算精深,却足够广博,其理论建树主要体现在诠释基督教教义上。他撰写了许多宗教著作,有三部在中世纪的欧洲流传甚广,分别是《伯约记解说》(又译《道德论》或《伦理书》)、《论神职人员的职责》(又译《论教牧职守》或《牧人的准则》)和《意大利父老生平神迹对话录》(又译《对话录》)。其中,《伯约记解说》称得上是格里高利一世基督教神学思想的总汇,全书共35卷。在这本大部头的著作里,格里高利一世对旧约《约伯记》进行了详尽的评述。

《约伯记》第31章第15段有云:"造我在腹中的,不也是造他吗?将他与我抟在腹中的,岂不是一位吗?"

当注释到这一段时,格里高利一世犹如一支灌满油脂的火把被闪电击中,他口吐莲花:唯有造物主超越一切……当上帝审判,该如何作答?人人被造而平等……

这个神句泊靠于《伯约记解说》第21章"面对审判的人",第一次将基督教平等观从含糊的诉求提炼为明确的文字。

就观念来说,"人人被造而平等"足以对其他文明形态的伦理表达构成领先,甚而套圈。可笑的是,说出这句格言的人,却立于欧洲千年停滞的起点。在看似没有尽头的"黑暗隧道"里,"人人被造而平等"更像是一盏孤独的路灯,闪亮却无法指引人们走向未来。就像赫伊津哈所说,对中世纪的人而言,其要害是近在眼前的死亡的平等,而不是实际生活中毫无希望的平等。

格里高利一世看不到他身后的历史,他只是一位品德高洁、无上尊崇的神职人员,他以个人的虔诚、善念和力量压倒自己所处的时代,以及其后的很多世代。而当"人人生而平等"作为一颗希望的种子被播入《独立宣言》,已是遥不可及的 1200 年后。

后果如此深远,当时之人岂可预见?

05 一个人的家就是他的城堡

在所有表达公民财产权受法律保护的名言里,没有一句话比得上"风能进,雨能进,国王不能进"。

此言出自老威廉·皮特(William Pitt, the Elder),中文网络上有对这句名言的考证:

> 源于英国首相老威廉·皮特1763年在议会的一次演讲《论英国人个人居家安全的权利》,其主旨是抵制对梨酒和苹果酒征收消费税。演讲中有这样一段话,中国人将之简化为"风能进,雨能进,国王不能进"。这句话的英文原句是:The poorest man may in his cottage, bid defiance to all the forces of the Crown. It may be frail, its

roof may shake; the wind may blow through it; the storm may enter; the rain may enter; but the King of England may not enter; all his force dares not cross the threshold of the ruined tenement.

（翻译成完整的中文是：即使是最穷的人，他在自己的小屋里也敢于对抗国王的权威。屋子可能很破旧，屋顶可能摇摇欲坠；风可以吹进这所房子，雨可以打进这所房子，但是英国国王不能踏进这所房子，他的千军万马也不敢跨过这间破房子的门槛。）

上述考证基本准确，老威廉·皮特当年在议会演讲时说的就是这句话，但有几点必须予以补充和澄清：

其一，作为十八世纪英国乃至欧洲最重量级的政治人物，老威廉·皮特的确担任过英国首相。但他在英国议会（下院）做演讲并说出这句名言的具体时间是1763年3月27日，彼时，英国首相是托利党人约翰·斯图尔特。政权转到辉格党人手里，要到1763年4月。接任者也不是皮特，而是他的舅子乔治·格伦维尔。皮特要到1766年7月才开始担任首相。

其二，在针对酒类税收问题的议会辩论中，皮特演讲的主题何以会跳转到英国人居家安全的权利？因为此前英国政府出台的售酒法，不但有违辉格党人所秉持的自由贸易原则，而且使治安法官拥有了干涉公民自主经营乃至自由居住的超限权力。皮特的演讲，正是为公民私宅免受政府侵犯而背书。

其三，网上有人称皮特的这句名言与圈地运动有关，认为皮特"打着保护私有财产的旗号，其实是保障了资产阶级和封建领主对农民土地的掠夺"。此说与史实不符，农业资本家与失地自耕农的土地之争并非1763年3月27日那场议会辩论的主题。

关于"风能进，雨能进，国王不能进"的出处，还有一种比较有意思的说法。这种说法与波茨坦"无忧宫磨坊主传说"有关，在中国亦流传甚广。

法律工作者陈静鹊先生曾著文《波茨坦老磨房探轶》（2011年12月6日刊发于中国法院网），就此进行了周密的核证。这个说法最初源自杨昌济在《静观室札记》中的记述："德国前皇威廉第一（杨记述有误，应为腓特烈二世，而非威廉一世）在位时，离宫之前有磨坊，欲登高远览一切景象，为所障碍。德皇厌之，传语磨坊主人曰：'此房价值几何，汝自言之，可售之于我'，孰意磨坊主人殊强项，应之曰：'我之房基,无价值可言',德皇闻之赫然怒,令人将磨坊毁去。磨坊主人袖手任其拆毁,从容曰:'为帝王者或可为此事,然吾德尚有法律在,此不平事,我必诉之法庭。'彼竟与德皇构讼。法庭依法判决德皇重将磨坊建筑,并赔偿其损失。德皇为法律屈,为人民屈,竟如法庭所判。事后且与人曰:'吾国法官正直如此,我之大错,彼竟有胆识毅然判决之,此吾国至可喜之事也。'"1992年11月,贺卫方先生在《经济日报》上撰文《钉子户与拔钉子》,也引用了"无忧宫磨坊主传说"。

在德文史料里,磨坊主与腓特烈二世的诉讼确有记载。十九世纪初,德国作家约翰·彼得·赫贝尔还以此为底本创作了一则故事。不过,"无忧宫磨坊主传说"并未引出"风能进,雨能进,国王不能进"这句名言。勘查其他文献,也未发现两者之间有必然联系。

从观念层面来说,"风能进,雨能进,国王不能进"所表达的制约公权的思想及浓厚的抗辩属性,应该是英美法系和经验主义的产物。一如陈静鹊在《波茨坦老磨房探轶》文中所言,"国王不能进"充分体现了英国哲学家、政治学家、西方法治主义的奠基人洛克的思想。"主权者的权力绝不容许扩张到公共福利的需要之外,而是必须保障每个人的财产。"

毫无疑问,皮特的名言是英美法系发展过程中结出的果实,洛克的思想滋养了它。那么,人们或许还可以更大胆地设问,在皮特之前,甚至洛克之前,是否已经有人说过类似金句?英国人自己给出了答案,他们认为皮特名言源自英格兰一句关于私宅物权的法律古谚。

1628年,爱德华·科克编纂的《英国法学研究》出版。书中有一句话:一个人的房子就是他的城堡,每个人的家都是自己最安全的庇护所(For a man's house is his castle, andeach man's home is his safest refuge)。

而在更早的时候,也就是1581年,伦敦泰勒男校的校长在其教育学著作《立场,对学生成长何其重要》中写道:"房主决定了他自己空间内的一切,他的房子就是他的城堡(The householder is the appointer of his own circumstance, and his house is his castle)。"

房子是产权人的城堡,无论城堡坚固还是破落,公权力的违法侵犯都将被挡在门槛之外,"风能进,雨能进,国王不能进"。当城堡的门关上,守护的是一个关于家的寓言,此处有自由、尊严和安全。

06 倘若为铁血宰相设计一句台词

倘若只允许铁血宰相俾斯麦说一句符合他历史定位和性格特征的话,那应该是:真理只在大炮射程之内。

在中文网络里,他果真"说过",而且还有"出处"——1862年9月俾斯麦上台后在普鲁士下院的第一次演讲。

俾斯麦的这次演讲,就是著名的"铁血演讲"。1862年9月23日,普鲁士国王威廉一世任命俾斯麦为代理首相(俾斯麦正式被任命为首相是10月8日)。一周后,也就是9月30日,俾斯麦在普鲁士议会预算委员会上做了施政演讲。俾斯麦的这次演讲,语气斩钉截铁,态度专断强硬,措辞简洁有力,透着一股浓浓的不容否定、不容更改、不容置疑的味道。

就政见论,俾斯麦的矛头直指那些资产阶级自由派。他们深受南德诸邦(巴伐利亚、符登堡和巴登)的影响,欲求在普鲁士建立君主立宪政体,一心寄希望于以宪政民主的方式实现德国统一。

俾斯麦在演讲中称:

> 普鲁士在德意志中的地位绝不是取决于他的自由主义,而是取决于他的实力——普鲁士必须聚集起自己的力量并将它掌握在手里,以待有利时机。这种时机曾一再到来,而又一再被放过。《维也纳条约》所规定的普鲁士边界,并不是为一个健全的政治集合体所进行的合理设计。这个时代的种种重大问题不是演说辞与多数议决所能解决的——这正是1848年及1849年所犯的错误——要解决它只有用铁与血。

因着"铁与血",俾斯麦赢得了"铁血宰相"的头衔,他的演讲被贴上了"铁血演讲"的标签,而他所推行的以战争手段谋求德国统一的方略被冠以"铁血政策"。但有必要指出,"铁与血"其实并不是俾斯麦的原创,而是引用了德国诗人马科斯·冯·申克道夫的诗文。申克道夫在诗歌《铁十字》中有一句:"只有铁能将我们拯救,只有血能将我们从罪恶的枷锁和恶魔的手中解救出来。"

毫无疑问,作为一个文本,这次演讲堪称是一次军国主义的布道和强权政治的宣言。俾斯麦在演讲中所陈述的观点,与"真理只在大炮射程之内"完全在同一个频道里。如果说俾斯麦的演讲是一盘热量爆表的食材,那么"大炮即真理"之说就是一勺口味生猛的调料。这个句子,似乎天经地义要出现在这篇著名的演讲稿里。语言的王冠上岂能少了这块宝石?

然而,不很讨巧,只要稍做严谨的核实,便无法满足人们的期待。在权威的德国历史文献库中搜出"铁血演讲"文字版,通篇没有发现"大炮即真理"之说,也没有与之相接近的表达。进而在包括德文、英文在内的外文网络中搜索这句话以及类似句式,还是没有答案。显然,在互联网上,"大炮即真理"之说是专属于汉语世界的表达,纯属中文网络的台词设计。换言之,满嘴铿锵话语的俾斯麦从来没有说过这句话。

那么,俾斯麦究竟说了些什么,以至于人们替他杜撰了这句提神的话?他的回忆录《思考与回忆》(生活·读书·新知三联书店 2006 年 2 月版,杨德友、同鸿印等译)提供了有价值的线索。

1890年3月,因与德皇威廉二世政见不合,俾斯麦辞去德意志帝国首相职务,归隐福里德里斯鲁庄园。从1890年下野到1898年去世的八年间,俾斯麦将全部精力投入到回忆录的写作。从书名就可以看出,《思考与回忆》不是小情调的私密自传,而是大格局的政治备忘。一如作者在书的献词中所言,这本书"献给子孙后代:为了理解过去和有教益于未来"。《思考与回忆》绝大部分篇幅,记叙了在俾斯麦当政时期,德意志从分裂割据的邦联变成统一的帝国,由遭受强邻欺压的从属地位转变为欧洲一流强国的历程。在这期间,俾斯麦起到了决定性作用。俾斯麦之所以成功,是因为在面对无可回避的历史课题即"如何实现德国统一"时,他不同于凌空蹈虚的自由派,而是选择了最符合德国国情的路径——战争。就此,列宁曾评价道:"当革命的统一失败后,俾斯麦用反革命的方式完成了统一,依照容克的方式完成了历史上进步的事业。"

而俾斯麦"用反革命的方式推动进步事业"的起点,就是1862年9月30日的"铁血演讲"。有趣的是,在《思考与回忆》里,俾斯麦并没有浓墨重彩地描述这次演讲,笔调甚至有些轻描淡写(具体记载见第一卷第12章《普鲁士政策的回顾》)。1862年10月初,俾斯麦乘车去尤特博克迎接当时还是普鲁士国王的威廉一世夫妇。在车上,俾斯麦回顾了自己在议会预算委员会上所做的演讲。对于这场引起舆论轰动的演讲,俾斯麦选用的修辞是"发言"。他写道:

> 对于并非心怀恶意和没有被野心迷住心窍的人来说,我说的话已很清楚地表明了我追求的是什么。一看地图就可明了,普鲁士以它狭长的躯体,不能够长久地单独负担为保证德国安全所需要的军事装备;这个军事装备应该平均地分配给全体德国人。我们要达到这一目的,不能通过演说、协会、多数派决议,这不可避免是一场严重的斗争,一场只有通过铁与血才能完成的斗争。为了保证我们在这一斗争中的成功,议员们应该把尽可能多的铁和血放到普鲁士国王手里,以便国王能够根据自己的判断把它投向这个或那个天平秤盘。

值得注意的是,在上述这段对"铁血演讲"的回顾中,俾斯麦只字未提"大炮即真理"。要知道,对于俾斯麦这场轰动一时、非议不断的演讲,连他最忠实的政治搭档兼仕途领路人布雷希特·冯·罗恩(时任普鲁士王国陆军部长)都觉得充斥着"俏皮的离题话"。试想,"真理只在大炮射程之内",如此抓人眼球的句子若真出现于"铁血演讲",俾斯麦又怎会不拿出来把玩一番?

"铁血政策"让俾斯麦成为近代史上旗帜性的军国主义者,他用三场王朝战争完成了德国的统一,但实事求是地说,战争对于俾斯麦而言,只是一种达到目的的工具。在对待动用武力的问题上,他又有着德意志民族所特有的克制和审慎。就像《思考与回忆》俄译本绪论作者阿·叶鲁萨里姆斯基所定义的:俾斯麦首先是一个视野宏阔的政治家,一个计谋过人的外交家。

作为政治家和外交家的俾斯麦,其天才智慧体现在两方面:其一,他深谙远交近攻的策略,善于催眠对手潜在的盟友;其二,他懂得不战而屈人之兵的道理,善于用语言营造一个强权的意象。譬如,1864年,在出兵占领石勒苏益格和荷尔斯泰因之前,俾斯麦放出狠话:"主权问题,归根结底,要用刺刀来解决。"与此同时,他又恫吓企图趁火打劫的帝俄:"让我们隔着边界对射几发炮弹吧。"

上述弥漫着硝烟味的话语,在德国完成统一的过程中,为当时的人们勾勒了一种可怖的景观：整个欧洲都处于"普鲁士的炮口下"。

或许，"刺刀解决问题"的方式和"普鲁士炮口下"的景观，经过历史的演绎和跨地区的传播，终于在汉语世界里完成了经典化的再造，人们创造了"真理只在大炮射程之内"的名言，以及它的一些近似版本："正义只在大炮射程之内""主权和尊严只在大炮射程之内"，并将版权授予最像能说出这句话的人——俾斯麦。

2005年5月，天涯社区国际论坛发布了一篇网文《真理就在大炮射程之内——"紫石英"号事件之回顾》。在文章的最后一段，作者总结道：

> "紫石英"号事件引发的军事冲突虽然规模不大，但却具有划时代的意义。……后来解放军开到青岛，勒令美军撤出海军基地，美军就撤了；解放军攻打上海，江上的美英舰队哪里还敢做武装干涉的准备，真应了那句话"真理就在大炮射程之内"！

在中文网络里，这是"真理只在大炮射程之内"最早留下的痕迹。那时,"真理就在大炮射程之内"还没被挂在俾斯麦的名下,也许在互联网时代之前,它还有一个更早更漫长的成型过程。但它在天涯网文中所体现的硬朗气派,似乎注定要与铁血宰相在此后的某个时刻相逢。

07　一封未被编辑部刊发的公开信

"偏见比无知离真理更远"很符合列宁铿锵有力而富有思辨性的演说型表达。列宁的确说过这句话,出处很明了:《列宁全集》中文第二版第十卷《给〈莱比锡人民报〉编辑部的公开信》(人民出版社2017年3月版)。

这封公开信写于1905年6月25日,是对德国社会民主党领袖卡尔·考茨基1905年6月15日刊发于《莱比锡人民报》第135号上的《俄国社会民主党的分裂》一文的答复,"偏见比无知离真理更远"是公开信最后一段的最后一句,原文如下:

> 我们向全体德国社会民主党人进一言:同志们!假

如你们真正认为俄国社会民主工党是兄弟党,那么,对那些所谓不偏不倚的德国人向你们讲的关于我们党分裂的情况,就一句话也不要相信。你们应当要求看文件,看原件。同时请不要忘记:偏见比无知离真理更远。

不难看出,列宁所谓"不偏不倚的德国人"是对考茨基的讽刺。在列宁看来,考茨基所讲的关于俄国社会民主工党分裂的情况是不折不扣的偏见。一如他在公开信前文中所声明的:"考茨基犯了个大错误,因为他所写的,至多也只是些道听途说的东西,他所提供的俄国社会民主党内现存关系的情况,完全走了样。"

考茨基犯了什么错误,他所提供的道听途说的完全走了样的东西又是什么情况?列宁公开信的前文中亦有陈述:考茨基把俄国社会民主工党第三次代表大会的全部决议,描绘成"列宁和他的朋友们攻击普列汉诺夫和他的朋友们"。

就此,列宁在公开信中做了三点说明:

第一,在(俄国社会民主工党第三次代表大会)17项决议中只有4项决议直接或间接涉及俄国社会民主工党内我们的反对者。第二,普列汉诺夫现在已经退出

《火星报》编辑部。这表明,考茨基对我们的关系了解得多么不够。第三,我们请德国同志们考虑一下,当一个享有考茨基同志那样的威望的人企图用"列宁和他的朋友们攻击"这样的"描绘"来贬低全党代表大会的工作时,这将给俄国社会民主党人留下什么印象呢?譬如说,如果有人竟把德累斯顿党代表大会的工作描绘成(不看会议记录)考茨基和他的朋友们攻击……那么在德国对这种人会有什么看法呢?

至此,人们对列宁何以批评考茨基充满偏见——其事件轮廓应该有了大致的了解,而缘由要从列宁反复提及的俄国社会民主工党第三次代表大会说起。

1905年初,俄国革命爆发。为制定革命路线,俄国社会民主工党第三次代表大会于当年4月在英国伦敦举行。然而,党的创始人普列汉诺夫,却因思想转向孟什维克而拒绝参加,并以党的总委员会主席名义禁止其他代表与会。因此,在俄国社会民主工党第三次代表大会上,布尔什维克对孟什维克分裂党的行为进行了谴责,随后便转到主议题,即制定党的策略。

显然,俄国社会民主工党内出现了布尔什维克与孟什维克的对立。不过,俄国社会民主工党第三次代表大会是否如考茨基所言,是一次"列宁和他的朋友们攻击普列汉诺夫和他的朋友们"的会议呢?

其实有案可稽,就是关于这次会议的17项决议。这些决议印证了列宁公开信中的三点说明,涉及党内反对派的内容仅占十七分之四。其中,特别需要关注的是列宁对普列汉诺夫的评价,主要见于1905年4月18日列宁所作的《关于社会民主党参加临时革命政府的报告》。在这个报告中,列宁对普列汉诺夫、对他为孟什维克的喉舌《火星报》所撰写的一系列文章、对他所持的同资产阶级建立政治联盟的主张,进行了诚恳、坦率甚至是直率的批评。然而,通篇读下来可以发现,列宁对普列汉诺夫的批评,纯粹源自革命路线和策略的分歧,全然没有那种出于私怨的庸俗的党同伐异。

普列汉诺夫是俄国第一位真正的马克思主义者,国际共运史上最杰出的理论家之一。虽然普列汉诺夫曾经在布尔什维克和孟什维克之间徘徊,但列宁对这位革命前辈,总体上还是关心和尊重的。列宁甚至将是否读过普列汉诺夫的全部哲学著作,当作评判一个"真正的共产主义者"的标准。值得一提的是,在俄国社会民主工党第三次代表大会后不久,即1905年5月29日,普列汉诺夫就退出了《火星报》编辑部,也逐步拉开了同孟什维克的距离。

从这个意义上说,考茨基将俄国社会民主工党第三次代表大会描绘成"列宁和他的朋友们攻击普列汉诺夫和他的朋友们",站不住脚。也正是因此,考茨基反对出版和传播俄国社会民主工党第三次代表大会决议的德文本。

为了澄清误解、矫正偏见,列宁撰写了《给〈莱比锡人民报〉编辑部的公开信》。很遗憾,这封包含着名言"偏见比无知离真理更远"的公开信未被《莱比锡人民报》编辑部发表。

如果把无知设作原点,那么当人们被偏见所蛊惑,往往会走向真理的反面。欧洲人对所谓偏见的提防,古已有之,也对偏见的成因早有探讨。以列宁本人为例,他就曾说过,宗教偏见的最深刻的根源是穷困和愚昧。(《列宁全集》中文第二版第 28 卷之《在全俄女工第一次代表大会上的演说》)

列宁这番话,可以视作他对偏见尤其是宗教偏见的审慎态度。因为,"在这一斗争(与宗教偏见)中伤害宗教感情,会带来许多害处。"(《在全俄女工第一次代表大会上的演说》)更重要的是,偏见的肇始者恰恰是穷困和愚昧。在词义上,愚昧等同于无知。

偏见出于无知,在与真理的距离上又胜于无知。

当然,"偏见出于无知"的观念,列宁很难说是首创者。

十九世纪初的英国作家威廉·哈兹里特,在他最著名的散文集《席间闲谈》中有一篇写于1821年的文章,题目叫《男人的礼仪》。文中有一句:偏见是无知的产物(Prejudice is the child of ignorance)。

关于偏见、无知与真理的辩证关系,在西方有着深远的认识论根源。单就"偏见比无知离真理更远"而论,列宁让这句名言家喻户晓、妇孺皆知。不过,人们仍有理由提问:在列宁之前,是否有人已经说过相同或类似的话?经验告诉我们,一个金句的诞生,除了言说者的灵光一现,也有赖前人智慧的积累。

事实上,比列宁早一个世纪,已经有人说过这样的话。句式上虽略有区别,在表达逻辑上则高度一致。说这话的人正是美国开国元勋、第三任总统托马斯·杰斐逊。在英语的引语网站里,一般把相关表达的版权授予托马斯·杰斐逊。

1807年6月11日,杰斐逊致约翰·诺维尔的信中写道:"一无所知的人比内心被谎言和谬误灌满的人更接近真理(He who knows nothing is closer to the truth than he whose mind is filled with falsehoods and errors)。"

约翰·诺维尔生于1789年,弗吉尼亚人士。他的父亲参加过美国独立战争,而他本人则是美国立国之初叱咤风云的人物,在政坛、新闻界都取得了巨大的成就。无论作为政客还是报人,诺维尔都具有浓厚的辉格党色彩,美国早期的一些报纸,如《肯塔基公报》《富兰克林公报》《费城询问报》等均由他创办。

1807年6月,刚刚高中毕业并立志从事新闻工作的诺维尔,写信给时任美国总统的杰斐逊。信中,诺维尔说:"我的志向是成为一名报纸的发行人,希望聆听您对报纸具体办刊方针的意见。"

诺维尔的来信,激发了总统先生的表达欲。杰斐逊连续给诺维尔写了多封回信,其中,1807年6月11日的这封是一系列回信中的第一封,也是最重要的一封。在这封信中,杰斐逊开宗明义,提出了自己的办刊方针,概括起来一句话——尊重事实和合理原则。随后,杰斐逊感叹:

> 尊重事实的报纸是少有订户的,人们所看到的多半是可以扔进垃圾箱的一点都不可信的印刷品。所以,从不看报纸的人往往比读报纸的人更有见识。因为,一无所知的人比内心被谎言和谬误灌满的人更接近真理。

上述言论,充分表达了杰斐逊的新闻观。一份罔顾事实的报纸,会误导读者,在他们内心播下偏见的种子。与其如此,不如不读报纸。不读,至少可以葆有一份纯真的无知。

不知列宁在《给〈莱比锡人民报〉编辑部的公开信》中的表达,是否受到杰斐逊的启发,但他们所阐述的观点是一脉相承的。进而言之,他们提出观点的实践基础也有类似之处,都是在与媒体(报纸)的切磋中得出的经验。有趣的是,充满偏见的《莱比锡人民报》拒绝刊发列宁这封反对偏见的公开信。

08 对"木犁与原子武器"之说的一些补充

相传,1959年12月21日,丘吉尔在英国下院纪念斯大林八十周年诞辰的会议上发表演说,对斯大林一生功过盖棺论定:"斯大林接手的是一个木犁的俄国,而留下的是装备有原子反应堆的俄国。"

的确有这么句话,但口出此言的不是丘吉尔,而是托洛茨基权威传记《先知三部曲》的作者伊萨克·多伊彻。著名苏俄问题专家郑异凡先生曾于2014年2月23日在《东方早报·上海书评》第13版刊发文章《"木犁与原子武器"何人所言》(以下简称"郑文"),详尽梳理了这句话的生成和传播史。

郑文的考证沿着两条线索展开:一是证伪"木犁与原子

武器的丘吉尔说",二是证实"木犁与原子武器的多伊彻说"。

关于"丘吉尔说"的形成,似乎存在着一个从安德列耶娃到莫洛托夫的接力。前者创造了"丘吉尔说",后者营造了"丘吉尔说"的出处。

郑文指出,苏联文献中现在看到的最早引用此语的是尼娜·安德列耶娃。她在《我不能放弃原则》(刊于《苏维埃俄罗斯报》1988年3月13日)一文中写道:

> 我们不妨举丘吉尔为例,他在1919年以自己组织十四国武装干涉反对年轻的苏维埃共和国所做出的贡献而自豪,而四十年后又不得不以这样的语句来描述斯大林——自己的最大政治对手之一:"……斯大林是善于在困难时刻从最束手无策的境况中找到出路的一位再好不过的巨匠……他是一个用自己的敌人之手消灭自己的敌人的人,甚至能使我们这些被其称为帝国主义者的人去同帝国主义者们作战。斯大林接手的是一个木犁的俄国,而留下的却是装备有原子武器的俄国。"

郑文指出,几年后,丘耶夫同莫洛托夫的谈话中,也记载了这段话:

我朗读了英国首相1959年12月21日斯大林八十诞辰之际在英国下院发表的一段简短的演说(《大英百科全书》的译文):"……斯大林是一个世上无出其右的伟大的独裁者,他接手的是木犁的俄国,留下的是拥有原子武器的俄国。"这可是当时所谓的"头号敌人"丘吉尔说的话。(《同莫洛托夫的一百四十次谈话》俄文版第72—73页,新华出版社第86—87页)

郑文证伪"丘吉尔说"最硬核的证据是:1959年12月21日英国议会根本没有开会,并且从1959年12月17日到1960年1月26日英国议会就没有举行过会议。补充证据两则:其一,英国历史学家、原丘吉尔中心主任理查德·兰格沃尔德驳斥过丘吉尔曾在英国下院发表讲话赞扬斯大林的神话;其二,安德列耶娃的文章发表后不久,亚·雅柯夫列夫的助手就写了一篇文章(《真理报》1988年4月5日),指出:"她所引的对斯大林的颂词并非出自丘吉尔。不是这么回事,这是著名的英国托洛茨基分子伊·多伊彻说的。"

由此,郑文进入另一条线索,证实"多伊彻说"。郑文称,斯大林逝世的第二天,1953年3月6日,多伊彻在《曼彻斯特卫报》发表悼文,其中写道:"斯大林的历史成就在于,他接手的是木犁耕种的俄国,而留下的是原子反应堆装备的俄国。"

这个说法也写入了多伊彻的著作《斯大林之后的俄国》(国内未有译本)和《斯大林政治传记》第二版(四川人民出版社1982年11月版,于干译),还收入了《大不列颠百科全书》中多伊彻撰写的"斯大林"词条:

> 这种怪异的崇拜之下是斯大林不容置疑的成就:他是计划经济的创始人,他接手的是木犁耕种的俄国,留下的是原子反应堆装备的俄国,他是"胜利之父"。但他的成就伴随着专制和他的残酷独裁;他统治的家长制特征——或许适合文盲及落后的人的智力——在他自己缔造的工业化和现代化的俄国成为一个时代错误。(《大不列颠百科全书》,1964年版,第21卷,第303页)

至此,"木犁与原子武器"的生成和传播脉络大致清晰。此说确系多伊彻的原创,发明权不属于丘吉尔。但由于多伊彻系托派人物,在当时苏联国内缺乏足够的公信力。于是,此说便张冠李戴到了丘吉尔名下。还有什么比来自敌人的颂扬更具说服力呢?

有趣的是，郑文末尾埋了个伏笔："既然1959年12月21日英国议会没有开过纪念斯大林八十诞辰的会议，丘吉尔是否在其他场合说过这句话？但愿有朝一日有人能够找到。"

郑异凡先生在文末留下的疑问，已有答案，答题者就是他文章中提到的英国历史学家、原丘吉尔中心主任理查德·兰格沃尔德。兰格沃尔德不但驳斥过所谓"丘吉尔曾在英国下院发表讲话赞扬斯大林的神话"，还于2018年11月在其个人网页上刊发了一篇题为《丘吉尔从来没有说过的语录》的文章，彻底否定了丘吉尔引用这句话的可能。在这篇论及"木犁与原子武器"的文章中，兰格沃尔德明确表示，这句话出自伊·多伊彻，与已知的丘吉尔在任何场合的公开发言都没有关系。考虑到兰格沃尔德在丘吉尔研究领域的权威地位和专业背景，他的说法当为定论。

事实上，"木犁与原子武器"被讹传为丘吉尔原创，是一个专属于苏联的传播现象。因为在苏联之外的其他国家，尤其是英美等国，证明"多伊彻说"的文字材料，包括《曼彻斯特卫报》《斯大林之后的俄国》《斯大林政治传记》（第二版）和《大不列颠百科全书》等，早已公开出版，读者不难核实。而唯有在苏联，尤其是苏联时代的后期，也唯有那些对斯大林满怀崇敬的人们,才会出于维护斯大林声誉的良善愿望,有意无意地修改了"木犁与原子武器"的原创者,放任甚至推动了"丘吉尔说"的流行。

以郑文中提及的安德列耶娃《我不能放弃原则》为例,这是一篇在当时苏共党内引起轰动的文章。安德列耶娃是列宁格勒工业技术与设计学院的教师,因不满于党内历史虚无主义盛行的状况,她将自己的思考写成公开信投寄给《苏维埃俄罗斯报》。该报将此文拟题为《我不能放弃原则》,于1988年3月13日在"争鸣"专版刊发。安德列耶娃文章的主旨是正确评价包括斯大林在内的所有党和国家领导人的历史作用,而"木犁与原子武器的丘吉尔说"是文中特别惹眼也是争议颇大的段落。在郑文中,《我不能放弃原则》被认为是"苏联文献中现在看到的最早引用此语的"。

那么,有必要追问的是,安德列耶娃"木犁与原子武器的丘吉尔说"又是引用了谁?

谜底比较诡异,她引用的多半是郑文中所谓"几年后丘耶夫同莫洛托夫的谈话"。何以会出现如此让人费解的穿越?秘密藏在丘耶夫所著《同莫洛托夫的一百四十次谈话》里。这本书由苏联作家费·丘耶夫根据自己在1969至1986年间,同莫洛托夫的140次会见交谈整理而成。俄文版出版时间是1990年12月,中文版出版时间是1992年10月。作为白纸黑字的文献,《同莫洛托夫的一百四十次谈话》是在安德列耶娃《我不能放弃原则》一文刊发的"几年后",然而,莫洛托夫抛出"木犁与原子武器的丘吉尔说"的那次谈话时间是1985年5月9日——恰恰是在安德列耶娃《我不能放弃原则》一文刊发的"几年前"。

莫洛托夫具体的语言表述以及在中文版《同莫洛托夫的一百四十次谈话》中的页码,就是郑文中所标注的。更为重要的是,郑文所摘引的这段话,即"木犁与原子武器的丘吉尔说",只是1985年5月9日谈话的一部分。莫洛托夫在那次谈话中所说的其他一些内容,譬如"斯大林迫使资本主义者罗斯福和丘吉尔对希特勒开战""他善于在困难时刻从最绝望的局面中找到出路""这是一个惯于借敌人之手消灭敌人的人"等等,经安德列耶娃稍做改装,写入了《我不能放弃原则》。

鉴于此,虽然无法判断莫洛托夫的谈话是通过什么途径传到安德列耶娃耳中,不过,仅通过文本分析,就可以有把握地说,安德列耶娃"木犁与原子武器的丘吉尔说"是引用了莫洛托夫。进而言之,斯大林的亲密战友莫洛托夫很有可能就是"木犁与原子武器的丘吉尔说"的源头。

可是,追溯"木犁与原子武器的丘吉尔说"的源头,《同莫洛托夫的一百四十次谈话》中所记载的那次谈话,其文字表述又着实让人丈二和尚摸不着头:"我朗读了英国首相1959年12月21日斯大林八十诞辰之际在英国下院发表的一段简短的演说(《大英百科全书》的译文)。"

首先,这个朗读的"我"是记录者丘耶夫,还是谈话者莫洛托夫?哪怕联系上下文,也无法判断;其次,既然被证明是子虚乌有的"丘吉尔在英国下院纪念斯大林八十周年诞辰会议上的演说",何来又何须括号里的《大英百科全书》译文?再次,《大英百科全书》中"斯大林"词条是由多伊彻撰写,而撰写者关于"木犁与原子武器"的论述是援引了自己于1953年3月6日为《曼彻斯特卫报》所写文章的内容。在丘耶夫同莫洛托夫的谈话里经"英译俄"后,怎么就变成了"丘吉尔说"?

一串疑问铺排下来,不难看出,1985年5月9日丘耶夫同莫洛托夫的那次谈话是何等不周严!实事求是地说,《同莫洛托夫的一百四十次谈话》一书的中文版由于翻译和编辑细节的粗糙以及标点符号的误用,人们已经无法还原其俄文版的本来面貌。以《大英百科全书》的译文来注解"丘吉尔在英国下院纪念斯大林八十周年诞辰会上的演说",诸如此类的漏勺,为"木犁与原子武器"在中文世界的周转人为制造了一团本不该存在的迷雾。

当然,对"木犁与原子武器"传播的时间轴进行勘定,虚构的"丘吉尔说"大体是1985年5月9日之后的事,而真实的"多伊彻说"在此前很早便公示于众。1953年3月6日,多伊彻撰写的斯大林悼文在《曼彻斯特卫报》发表,首创"木犁与原子武器";当年4月,多伊彻赶工完成的《斯大林之后的俄国》一书在英美同时出版,书中《斯大林主义的遗产》一章完全复制了发表于《曼彻斯特卫报》上的文章,包括"木犁与原子武器";1966年10月,《斯大林政治传记》英文第二版出版(中文第二版于1982年由四川人民出版社出版),书中新增的第15章《补篇:斯大林的最后岁月》里再次引用了《曼彻斯特卫报》文章里的"木犁与原子武器"……

毫无疑问,多伊彻才是"木犁与原子武器"之说的缔造者。他对斯大林一生的评价,可能不如人们所期待的丘吉尔那样具有超凡的政治网红效应,却更为公允,也更为真实。在1951年撰写的《世纪中叶的俄罗斯》一文中,多伊彻将苏俄称作"世界现代史的神童"。这位神童最不可思议的是仅用半个世纪便跨越了从木犁到原子武器的鸿沟,而斯大林无疑是神童之父。

09 斯大林说了一则俄国故事?

1949年底,毛泽东首次走出国门,访问他一生中唯一访问过的异邦——苏联。

12月16日,在毛泽东抵达莫斯科当日晚六点,斯大林在克里姆林宫小会客厅会见了他。在两位巨人的交谈中,斯大林送给毛泽东一个金句:"胜利者是不受审判的。"

这个金句在流传中还衍生出一些微调句式,如"胜利者是不受谴责的""胜利者是不受指责的"等。但似乎只有"不受审判的"才是忠实于斯大林当初表达的版本,毛泽东随行翻译师哲俄译中的单词就是"审判",而师哲是本次"斯毛会"唯一的在场翻译。

师哲口述、李海文整理的《在历史巨人身边:师哲回忆

录》(中央文献出版社1991年12月版)第14章第二节《两个伟人的首次会面》,对1949年克里姆林宫的会面有详细记载:

> 斯大林紧紧地握着毛泽东的手,端详了一阵说:"你很年轻,红光满面,容光焕发,很了不起!"他回过头来,又把自己的同僚一一介绍给毛泽东,大家围站在大厅里,相互问好,互表祝愿。
>
> 斯大林对毛泽东赞不绝口:"伟大,真伟大!你对中国人民的贡献很大,是中国人民的好儿子!我们祝愿你健康!"又说:"你们取得了伟大的胜利,祝贺你们前进!"这时,气氛十分热烈、动人。
>
> 毛泽东回答说:"我是长期受打击排挤的人,有话无处说……"
>
> 不等主席讲完,斯大林立即插话:"胜利者是不受审(判)的,不能谴责胜利者,这是一般的公理。"斯大林的这句话使毛主席没有把内心的话讲出来。(第434—435页)

斯大林所言"一般的公理",即"胜利者不受审判",相对主流的解读是,此乃斯大林对毛泽东的安抚、宽慰和委婉的道歉。不过,也有人提出了不同看法,认为斯大林"一般的公理"并无认错道歉的意思,因为斯大林并不赞同"胜利者不受审判"的观点,作为论据的是斯大林的另一次引用。这次引用,要比克里姆林宫的"斯毛会"早三年。

1946年2月9日,斯大林在最高苏维埃选举莫斯科斯大林选区的选民大会上发表讲话。在讲话接近尾声时,斯大林如是说:

> (以上)就是我关于我国共产党不久以前的活动以及它将来的工作计划的一个简短报告。
>
> 你们的任务就是来裁判一下:共产党过去和现在的工作正确到什么程度,它能不能做得更好些。
>
> 据说,对胜利者是不能裁判的,对他们不应批评,不应检查。这话不对。对胜利者可以而且应当加以裁判,可以而且应当加以批评和检查。这不仅对事业有补益,而且对胜利者本人也有补益,这样就会少骄傲一点,多谦逊一点。我认为选举运动就是选民对作为执政党的我国共产党进行裁判的法庭。选举结果便是选民的判决。如果我国共产党害怕批评和检查,那它就没有多大

价值了。共产党愿意接受选民的判决。

这次演讲,是斯大林公共言论中首次引用"胜利者不受审判"。文中"裁判",是俄文"судят"(审判)的另一种中文译法。就字面意义理解,斯大林态度明确,反对"胜利者不受审判"之说。然而,考虑到当时的苏联刚刚作为世界反法西斯的核心力量打赢了二战,金戈铁马,气吞万里如虎。身为世界三巨头之一的斯大林说出"对胜利者可以裁判、批评和检查",显然是基于绝对自信的谦逊,是稳操胜券者才有的客套。事实上,在这篇近8000字的演讲稿中,斯大林用绝大部分的篇幅来总结卫国战争的胜利经验、陈述苏维埃制度的巨大成就,赢家心态昭然若揭。与之呼应,演讲过程中,掌声、乌拉声此起彼伏。

斯大林的这次演讲,是国际共运史上一个极其著名的文本。人民出版社出版的《斯大林选集》(1979年12月版)和《斯大林文选》(1962年8月版),均以《在莫斯科市斯大林选区选举前的选民大会上的演说》为标题,收录了此文。

值得注意的是,在《斯大林选集》中,编者对演说中的"胜利者不受审判"作了注释:这句话出自一则俄国故事。据说,俄军名将亚·瓦·苏沃洛夫1773年在俄土战争中违反彼·

亚·鲁勉采夫(中文一般译作鲁缅采夫)元帅的命令进攻图尔图凯获胜,因此被交付军事法庭裁判。叶卡捷琳娜二世得知后说了这句话。

这是一条很重要的信息,它点出了"胜利者不受审判"的原创者是叶卡捷琳娜二世。但这也是一条令人生疑的信息,因为承载这条信息的是一则"俄国故事",而非信史。

依逻辑判断,如果叶卡捷琳娜二世说过"胜利者不受审判",那么导致她口出此言的人——苏沃洛夫,其个人履历中必然有因违抗军令而被交付军事法庭的情节。然而,苏沃洛夫真摊上过这事吗?

苏沃洛夫是沙俄十八世纪著名的军事统帅,卓越的军事理论家。他戎马一生,从无败绩,因赫赫战功赢得了"沙皇之仆、士兵之父"的美誉。"俄国故事"中提及的进攻图尔图凯,是历史上第五次俄土战争中的一场战役。本次俄土战争的主战场是巴尔干地区的多瑙河流域,图尔图凯是多瑙河西岸的一座小城。攻陷图尔图凯,发生于1773年6月。据俄罗斯战史记载,苏沃洛夫在这次战役中虽有大胆用兵、冒险突进的举措,但并无违抗鲁缅采夫军令的行为。客观而论,苏沃洛夫因为人正派、性格耿介,素与同僚不睦,更看不惯萨尔蒂科夫等贵族将领的做派,但鲁缅采夫等俄军统帅仍非常欣赏苏沃洛夫的军事天赋。实际情况是,战役结束后,鲁缅采夫非但未兴师问罪,反而致信苏沃洛夫:"我认为胜利之取得是你指挥有方,也是士兵英勇奋战的结果。请以我的名义对参战官兵给予表彰并表示感谢。"由此看来,苏沃洛夫是胜利者不假,但并无被交付军事法庭一说,自然也就谈不上叶卡捷琳娜二世为其开脱的桥段了。

查阅叶卡捷琳娜的权威传记《叶卡捷琳娜大帝:通往权力之路》第54章《对波兰的第一次瓜分与第一次俄土战争》(指叶卡捷琳娜加冕后的第一次俄土战争,即第五次俄土战争),并没有"胜利者不受审判"的相关表述。

苏沃洛夫的中文传记,建国后出版的大约有以下四个版本:新知识出版社1956年版,羊愚编写;解放军出版社1986年版,米哈伊洛夫著;辽海出版社2005年版,温家琦等编写;远方出版社2006年版,刘卫伟编著。四个版本均未提及"俄国故事"。

那么,"俄国故事"到底源起何处?

用"苏沃洛夫"和"叶卡捷琳娜二世"为关键词在英文网络搜索,得到一个关键线索:"俄国故事"出自苏联作家奥西波夫撰写的《苏沃洛夫元帅传》。这本书出版于1944年,早于《斯大林选集》和《斯大林文选》的出版时间,也早于斯大林的两次引用。1948年,黄远据此书英文版翻译的《苏沃洛夫元帅传》,在山东、东北等各个解放区分别印刷出版。可是,在中文版《苏沃洛夫元帅传》里,没有所谓的"俄国故事",也没有"胜利者不受审判"。

在《苏沃洛夫元帅传》转译过程中,是哪个环节丢失了这句话?是英译中还是俄译英?无从考证。或许,英文网络提供的线索本身就是误导,因为"俄国故事"与史实不符。

斯大林嘴里的"胜利者不受审判",并非源自叶卡捷琳娜二世。1949年12月16日克里姆林宫里回荡着的这个金句,貌似无人认领。好在,1986年福建教育出版社出版的一本小书《俄英汉对照俄罗斯谚语集》,奉上了一个相对可靠的答案。这本谚语集的第773词条"Победителей не судят",指既已做出成就,不必挑剔小过,对应汉语的"胜者为王,败者为寇"。

原来,"胜利者不受审判"是一句俄罗斯的古谚。它既是斯大林嘴里的"一般的公理",也是近世以来俄罗斯乃至所有欧洲人对成败的"一般的认识",体现了他们的经验、智慧,甚至机巧,从中也能品读出"目的总是证明手段正确"的味道,那是对马基雅维利实用主义历史观的注解。胜利者可不可以、应不应当受审判?话语权属于赢家。

10　高尔基寓所的语言罗生门

"作家是人类灵魂的工程师",还是"教师是人类灵魂的工程师"?这是一个问题。两句话都有人说过,区别在于,在中文世界,"教师"更为人熟知;可回到"人类灵魂工程师"的故乡苏联,"作家"才是这个比喻的本尊。

华东师范大学教育系教授陈桂生在其专著《"教育学视界"辨析》(华东师范大学出版社1997年4月版)中考证:

> "人类灵魂的工程师"起源于斯大林与高尔基的一次谈话,斯大林称以高尔基为代表的作家是人类灵魂的工程师;其后,苏联教育学家加里宁强调教育在培养学生性格和道德的重要性时指出:"很多教师常常忘记他

们应当是教育家,而教育家也就是人类灵魂的工程师。"这一隐喻在我国最早见之于1951年《人民日报》的一篇社论:"'教师是人类灵魂工程师',必须严格要求自己,认真改造思想,使自己逐步能真正够得上'人民教师'的光荣称号。"同年,《人民教育》一篇题为《人民教师必须成为马克思主义者》的社论指出:"人民教师和一切人民的教育工作者是'新中国儿童、青年的灵魂工程师',是工人阶级领导国家极重要的助手,教师在很大程度上决定着国家的未来。"1957年6月,周恩来在第一届全国人民代表大会第四次会议上提道:"学校教师是培养下一代的灵魂工程师,他们应该在过去思想改造的基础上,根据自愿的原则,继续进行自我教育与自我改造。"

(第407—409页)

从陈的考证可以理出"人类灵魂工程师"之喻两个本体出现的顺序:斯大林的"作家论"在前,加里宁的"教师说"居后。

关于加里宁的身份,陈文表述稍有差池。加里宁不仅是教育学家,还是一位重量级的政治人物,先后担任过苏联中央执行委员会主席及苏联最高苏维埃主席团主席。从1922

年到他去世的1946年,加里宁是苏联名义上的最高领导人。加里宁生前一直以亲民形象示人,教育是他倾注大量心血的领域。"教师说"出自1939年7月8日加里宁在欢迎荣获勋章的乡村学校教师晚会上的讲话,他说:"教师们往往不太注意教育工作,其实教育工作在造就学生们的性格和道德方面,有着很重大的意义。很多教师常常忘记他们应当是教育家,而教育家也就是人类灵魂的工程师。"(《论共产主义教育》第51页,中国青年出版社1950年9月版,加里宁著,陈昌浩译)

不过,加里宁这次讲话中所谓"教师是人类灵魂的工程师",是活学活用了此前斯大林的"作家是人类灵魂的工程师"。那么,"此前"究竟是何时?答曰七年前,准确说是1932年10月26日。《斯大林全集》第13卷(人民出版社1956年4月版)第358页之"年表"一栏有关于斯大林当日的活动记录:

> 约·维·斯大林在阿·马·高尔基寓所和一部分作家谈话,约·维·斯大林在这次谈话中称作家为"人类灵魂的工程师"。

《斯大林全集》的记载虽然简约,但新闻写作 5W 原则具备了四项:时、地、人、事,唯一缺的是 Why(何故)。《苏联文学史》(中国社会科学出版社 1994 年 1 月版,叶水夫主编)解释了这次谈话的缘起:

> 三十年代,苏联社会生活的迅速变化和阶级结构的根本变化,向苏联文学界及其创作提出了新的课题、任务和方向。同时,极左组织"拉普"("俄罗斯无产阶级作家联合会"的简称)以阶级斗争为纲的文艺路线,以及党同伐异的宗派作风,已经成为苏联文学发展的严重障碍。为此,1932 年 4 月 23 日联共(布)中央通过了《关于改组文学艺术团体》的决议,决定解散"拉普",并定于 1934 年 8 月举行第一次全苏作家代表大会。一个月后,苏联作家协会筹委会成立,由受到"拉普"排斥的德高望重的高尔基担任名誉主席。1932 年 10 月 26 日,在高尔基寓所举行了一次文学座谈会,为第一次全苏作家代表大会进行思想理论准备。参加会议的有 45 位作家、批评家和艺术家,斯大林和联共(布)中央政治局成员也参加了座谈会。在这次座谈会上,斯大林首次公开而明确地提出了"社会主义现实主义"的创作方法。

此外，斯大林关于"写真实""作家是人类灵魂的工程师"等著名言论，也是在这次谈话中首次提出。(《苏联文学史》第二篇第一章《文学思潮与文学理论(1933—1952)》)

所谓"高尔基寓所"，是高尔基1931年从意大利回国定居后，苏联政府赠送给他的独栋别墅，别墅的前主人是富翁里亚布申斯基。1932年10月26日，斯大林正是在此处同作家座谈时说出了"作家是人类灵魂的工程师"。问题是，斯大林到底是在何种语境下说出此言的？不同的文本，有着截然不同的表述，其间差异让人怀疑彼时彼处上演了一幕语言的罗生门。

国内网络中，关于高尔基寓所座谈，流传比较广的版本是《斯大林与文学》(中国青年出版社2014年4月版，张捷著)中"斯大林反驳伏罗希洛夫说"：

座谈会上，斯大林提出，"生产灵魂"的文学创作，比机器、飞机、坦克的生产更具有"头等的重要性"。伏罗希洛夫插话道："这要看什么时候。"斯大林随即反驳："不，伏罗希洛夫同志，如果坦克里的人的灵魂是腐朽的,那么您的坦克就一钱不值。生产灵魂要比生产坦克重要。……人往往受生活本身的改造,但是也请你们帮助他进行灵魂的改造。生产人的灵魂是一种重要的生产。你们是人类灵魂的工程师。"(《斯大林与文学》第57—58页)

与之相对,《肖洛霍夫传》(人民文学出版社 2011 年 7 月版,瓦·奥西波夫著,辛守魁译)中则是"斯大林祝福肖洛霍夫说":

> 肖洛霍夫是(座谈会)关注的中心,害羞的肖洛霍夫则寻找机会躲开众人对他的关注。而斯大林呢?令人吃惊的激情,转变成了冷静地想给大家上一堂政治常识课的愿望。斯大林站了起来,手里拿着杯子:"为肖洛霍夫干杯!对了,我忘了告诉你们,生活本身可以改变人,然而,你们却要去帮助人的心灵改造,这是一项重要的工作——改造人的灵魂,你们是人类灵魂的工程师。所以,我们要为作家们,要为你们中间最谦虚的,为肖洛霍夫同志干杯!"(《肖洛霍夫传》第 165 页)

当然,就像传记作者奥西波夫书中所言,上述描写所依据的是批评家泽林斯基的记载。泽林斯基是高尔基寓所座谈会的与会者,也是会议过程权威的文字记录者。

比较蹊跷,作为东道主和组织者,高尔基本人却少有关于这次座谈会尤其是关于"作家是人类灵魂的工程师"的记述。而在苏联解体后,高尔基研究专家瓦季姆·巴拉诺夫根据最新披露的档案所撰写的《高尔基传》(漓江出版社 1998 年 12 月版,张金长等译)中,只有关于此事的只言片语:

> 高尔基在(座谈会)开场白中强调"本次会议是正式的,非常重要"。但斯大林却一心想营造"非官方、自己人、拉家常式"的氛围,于是他在讲话时让在座的作家们不必像官员接受上级指示那样做笔记,他说:作家是什么人?人类灵魂的工程师。新的文学创作方法是什么?社会主义现实主义……(第 273 页)

令人诧异的是,在《高尔基传》中称这次座谈会召开的时间是 1933 年 9 月。

时间上的谬差因何造成已无从考证。但以"社会主义现实主义"的创作方法为基准来勘定座谈会时间,1932 年 10

月26日应为定论。事实上,这是斯大林在座谈会上唯一有所准备、打过腹稿的话题。相形之下,"作家是人类灵魂的工程师"之说纯属即兴发挥。就氛围而论,这次座谈会也并不都是所有人围坐在一起的严肃探讨。葡萄酒、夹肉面包的酒宴茶歇,以及三两成群的举杯攀谈,亦是形式之一。

也正是这种不够正式的氛围,使不同当事人对一些细节的还原出现了差异,其中争议最大的是关于"作家是人类灵魂的工程师"诞生的具体语境。鉴于此,一种更大胆的猜测便有可能成立:斯大林真是这句话的原创者吗?退一步讲,在他即兴发挥时有没有人给予提点?还真有此类说法。

据苏联著名文艺理论家、陌生化理论创立者维克托·什克洛夫斯基回忆,这个金句的原创者是苏联意识流小说的代表人物尤里·奥列沙。什克洛夫斯基和奥列沙都是1932年10月26日高尔基寓所座谈会的参加者,在座谈会期间与斯大林的小范围交流中,奥列沙最早说出了"作家是人类灵魂的工程师"。而后,斯大林在讲话中借用了奥列沙的比喻,斯大林的句式即是证明:"正如奥列沙同志所恰当表达的那样,作家是工程师,人类灵魂的工程师。"克洛夫斯基的回忆见于1990年出版的文学杂志《进步》(创刊于1931年,苏联作协沃罗涅什分部主办)第48页。

"作家是人类灵魂的工程师"的版权属于奥列沙,是这幕语言罗生门中最让人难以置信的说辞,却又最符合生活的逻辑。最有资格定义作家的,不是政治家,而是作家自己,他们本来就是用语言定义大千世界的人。

11 两位最伟大段子手一起仰望的人

鉴于温斯顿·丘吉尔过于出色的语言表达能力，人们习惯于把一些看上去无主的佳句寄放在他那里。以下这句就具有鲜明的丘吉尔色彩：在真相穿上裤子之前，谎言已经跑了半个世界（A lie gets halfway around the world before the truth has a chance to get its pants on）。

能够凭一句话道破大千世界那些光怪陆离而又令人叹气的事，有点消极，也有点洒脱和率性，这是典型的不列颠经验主义者的风格。而放眼英伦，又有谁的洞察力比得上首相大人？

在一些英文版的引语网站中，这句话都会被归为丘吉尔的名言。的确，丘吉尔对真相（真理）与谎言的辩证关系，有着自己独特的思考。譬如在德黑兰会议上,与斯大林的交谈中,丘吉尔就有金句:"战争期间,真理是如此可贵,以至于需要谎言来呵护。"

问题是,关于"在真相穿上裤子之前,谎言已经跑了半个世界",你在网络中搜索不出这句话的具体出处——丘吉尔在何时、何地、哪个场合、对谁说的,上述名言考证所必备的要素,均告阙如。勉强算得上旁证的,是 1981 年 6 月 7 日《纽约时报》刊登的一篇国际事务述评,作者是里根时代白宫重要的外交智囊欧内斯特·勒菲弗。勒菲弗的文章中有一句:丘吉尔曾说过"当真相还在穿鞋的时候,谎言已经跑了半个世界"。

勒菲弗转述丘吉尔的话,很值得玩味。如果说勒菲弗是在为丘吉尔"作证",那么证人所呈上的证据与当事人的原话却对不上号。区别在于一个用词:被认为是丘吉尔名言中的词汇是"穿裤子",而勒菲弗引用时的词汇是"穿鞋"。

究竟怎么回事?有两种可能性:或许是勒菲弗记错了丘吉尔的原话;或许是丘吉尔的话原本就另有其主,而此人的版本与丘吉尔的版本在修辞上略有差异。

后一种猜想得到了印证。

在丘吉尔之前,已经有人说过类似的话,而且不止一人。

其中有一位,他在段子手的世界里,段位丝毫不逊于丘吉尔。换言之,他能把英语的丰富性、多样性、灵活性和令人愉悦的特质(丘吉尔的定义)发挥到极致。他就是马克·吐温。

马克·吐温的表述与丘吉尔的表述稍有不同,却与勒菲弗的转述完全一致:当真相还在穿鞋的时候,谎言已经跑了半个世界(A lie can travel halfway around the world while the truth is putting on its shoes)。

由于马克·吐温更早地口吐莲花,所以褫夺了丘吉尔对这句话的原创权——即便丘吉尔后来奉上过这句话的微调版。需要强调的是,这句话的马克·吐温版,是所有类似表达中传播最广的。

那么,马克·吐温这句话的出处又在哪儿?很遗憾,也没有直接的证据。与丘吉尔相似,马克·吐温这句话所凭靠的也是旁证。1919年2月,美国《标准球员》月刊第四卷第二期,刊登了一篇未明确署名的文章,题为《与透纳家族成员的谈话》,文中也有马克·吐温的这句话。

关于马克·吐温名言的话语背景,《与透纳家族成员的谈话》一文没有披露更翔实的信息。人们只能猜测,马克·吐温或许在深度诠释自己的文学观,他曾提出:"真实比小说更加荒诞,因为虚构尚有逻辑,而现实中发生的事往往匪夷所思。"所以,人们更愿意相信"遵循逻辑的虚构",而非"荒诞不经的现实",便是符合逻辑的事。进而言之,谎言把真相远远甩在后面,也不值得大惊小怪。

当然,猜测的内容终究不靠谱。但有一点可以肯定,严格说来,马克·吐温也不拥有这句话的版权。事实上,在马克·吐温和丘吉尔先后说出关于真相与谎言的金句前,已经有人捷足先登。他是这两位最伟大的段子手都得仰望的人——《格列佛游记》的作者乔纳森·斯威夫特。

出生于都柏林的斯威夫特,是十七世纪末、十八世纪初英伦最重要的作家,《格列佛游记》是一部杰出的游记体讽刺小说。同时,斯威夫特还是一位极度诙谐的政论家、安妮女王时代的头号段子手。政论家的身份和段子手的禀赋,让斯威夫特抢在马克·吐温和丘吉尔之前对真相与谎言的关系作了格言化概括。

事情是这样的:1709年,原本是辉格党(自由党前身)忠实信徒的斯威夫特,因为对本党偏袒清教、怠慢国教的宗教政策不满,怒而转投托利党(保守党前身)。改换门庭的斯威夫特很快得到了托利党党魁罗伯特·哈利的信任和重用,待1710年托利党人赢得大选上台执政,斯威夫特被任命为托利党喉舌《考察报》的主编。斯威夫特主政《考察报》期间,写了一系列阐述托利党立场的文章。

1710年11月2日,《考察报》第15期刊发了一篇斯威夫特对西班牙王位继承战争的评论,文中有言:谎言飞驰,真相跛足其后(Falsehood flies, and the Truth comes limping after it)。

斯威夫特的这句话,是目前已知的相关句式中的最早版本。因是报章文字,斯威夫特对"谎言"一词使用了更正式也更书面化的"Falsehood",而非马克·吐温和丘吉尔口头表达中的"lie"。然而,那种真相赶不上谎言的生动画面感,不难想象。

考察西方观念史,对于"真理-真相-真实"能否跑赢"虚假-虚构-虚伪",历来持一种审慎乃至怀疑的态度。培根曾在《论真理》一文中写道:

> 人们宁愿追随诡言,也不去追求真理的原因,不仅由于探索真理是艰苦的,真理会约束人的幻想,而且是由于诡言更能迎合人性中的那些恶习。后期希腊有一位哲学家曾探索过这个问题,因为他不理解为什么一些欺世诡言竟能如此迷人,尽管它们不像诗歌那样优美,又不像经商那样使人致富。我也不懂这究竟是为什

么——难道人们仅仅是因为爱好虚假而追求虚伪吗?

在培根笔下,真真假假的诡言给人带来愉悦,它是如此迷人。相反,"难以探索且约束人幻想"的真理就显然不那么讨喜。而古罗马诗人贺拉斯在其《讽刺诗集》之《谈情欲》中,更是以"裸体的妓女"来形容真相(《贺拉斯诗选:拉中对照详注本》,中国青年出版社2015年5月版,李永毅译)。合理推断,钱锺书《围城》中"真理赤裸裸"之喻正源于此。

真相赤裸作何解?因为真相总是与谎言纠缠在一起。其实,上溯至欧洲文明的鸿蒙时期,真相与谎言同根共生的概念便已成型,人们以朋友、亲姐妹、孪生兄弟、身体与影子等做比喻,且衍生出一系列寓言。其中,有一则寓言在罗马共和时期就已流传:真相和谎言同去一条小溪中洗澡。早早洗完的谎言先上岸,见四周无人,便偷偷穿上了真相的衣服,扬长而去。而等到真相洗完回到岸上,才发现自己的衣服不见了。固执的真相不愿穿谎言的衣服,只能赤裸裸地呈现于人们眼前。

寓言讲述至此,足够丰富的故事素材摆在了段子手们面前。根据材料拟就一句读后感,对于斯威夫特、马克·吐温和丘吉尔而言,简直是唾手可得。一丝不挂的真相被飞驰而去的谎言甩在后面,至于它到底是穿裤子还是穿鞋子,纯属个人偏好。

补注:丘吉尔是否说过"在真相穿上裤子之前,谎言已经跑了半个世界"?存疑。但与他同时代的另一位政治人物,倒是白纸黑字写下过一模一样的句子,他就是富兰克林·罗斯福的国务卿科德尔·赫尔,这句话出自《科德尔·赫尔回忆录》第二卷第220页(纽约麦克米伦出版社1948年版)。当然,与丘吉尔一样,科德尔·赫尔也不享有这句话的原创权。

12　错过波茨坦，就再也没机会了

当一句格言背后站着一种价值观，往往会显得脍炙人口。这种脍炙人口，会让任何质疑都不合时宜。譬如下面这段据说发生在斯大林与丘吉尔之间的对话——

> 斯大林："你打了胜仗，人民却罢免了你。看看我，谁敢罢免我？"
>
> 丘吉尔："我打仗就是为了捍卫人民罢免我的权利。"

从中你看到的是两位巨人的见招拆招，以及关于民主制度精髓的快慰表达。

此时，谁若问一句"是真的吗"，会多么无趣。更何况，在中文语境里，这段对话有一个过硬的时代背景。

一般认为，这段对话发生在波茨坦会议期间。斯大林得知丘吉尔打赢了战争，却输掉了英国大选，便主动挑起话头，遂有了这精彩的一来一回。

波茨坦会议于 1945 年 7 月 17 日至 8 月 2 日举行，与会者是美英苏三国首脑。波茨坦会议前，即 1945 年 5 月 8 日，德国已经签署无条件投降书，二战欧洲战场胜利结束。但在远东，对日作战仍激烈进行。因此，波茨坦会议主要是商讨战后对德国的处置、欧洲的安排以及争取苏联尽早对日开战。

波茨坦会议正值英国大选，本次大选投票日期是 1945 年 7 月 5 日，但为了统计大量英国海外服役人员的票数，大选结果的公布日期延至 1945 年 7 月 26 日。

两条时间线索，在波茨坦会议期间交叉，完美地汇向斯大林与丘吉尔的这段对话，貌似严丝合缝。逻辑上讲，在波茨坦会议期间、英国大选揭晓后的某个场合，两位巨人见面时将联袂奉献经典。

不过，两张合影却将上述逻辑彻底推到。其一，波茨坦会议开幕，合影的美英苏三巨头分别是杜鲁门、丘吉尔和斯大林;其二,波茨坦会议闭幕,合影的美英苏三巨头却换成了杜鲁门、艾德礼和斯大林。

丘吉尔去哪儿了?

丘吉尔的诺贝尔文学奖获奖作品《第二次世界大战回忆录》(又译作《不需要的战争》)第12卷《铁幕》给出了答案:丘吉尔回伦敦了,他要在自家地图室的椅子上叼着雪茄等待计票结果。

1945年7月25日上午,波茨坦会议讨论波德边界的重新划分和德国鲁尔区的粮食供应问题。会议结束后,丘吉尔赶回英国。

书中,丘吉尔如此记录他当天的行程及次日活动:

> 我带着玛丽(丘吉尔女儿)于7月25日下午乘飞机返回,(飞机)降落在诺索尔特机场,我的妻子来接我,我们大家一起吃了一顿安稳的饭。……第二天(1945年7月26日)选举结果开始揭晓。……初始阶段的结果已经出来,于我不利。事情发展到中午已经明朗,会获得多数票的是社会党(应为工党)……

本次大选,工党赢得了英国议会下院393席,比其他所有政党席位之和多146席,而保守党仅得到213席。在英国历史上,工党得票首次超过保守党。丘吉尔输给了过去五年间英国联合政府的掌玺大臣、工党领袖艾德礼。

按照惯例,丘吉尔在大选失利后,可以有几天时间将政府事务做一个常规性的交接;他也可以过上几天再召开议会,然后接受下院的解职。不过,考虑到波茨坦会议需要一位英国的全权代表,容不得耽误。丘吉尔于大选结果公布当日晚七点乘车入白金汉宫觐见英王乔治六世,正式提出辞职,并提请国王召见艾德礼。两个小时后,丘吉尔在返回的路上口述了一份广播声明:"国内和海外的巨大责任落在了新政府的肩上,我们所有人都希望他们能不负使命。"

1945年7月27日,丘吉尔留在伦敦举行内阁告别会,艾德礼以新首相的身份飞赴波茨坦。

一如丘吉尔在《第二次世界大战回忆录》中所言,1945年7月25日上午的会议,是他所参加的波茨坦会议的最后一次会议。当日下午,他飞离波茨坦,一去不复返。

至此,一个判断应该成立:起码在波茨坦会议期间,斯大林与丘吉尔之间无缘进行这场语言交锋,哪怕斯大林真有挑衅丘吉尔的意图。

事实上，翻查各种关于波茨坦会议的著述，斯大林与丘吉尔在国家利益层面的争锋中可谓寸土不让，但在个人交流时却充满了客套的外交辞令，甚至不乏伪善的体己私语。据《第二次世界大战回忆录》记载，1945年7月18日，也就是波茨坦会议开幕后第二天，斯大林与丘吉尔共进晚餐，餐桌上两人"谈得非常愉快"。对于即将揭晓的英国大选，斯大林表示，根据苏联方面所掌握的情报，他相信保守党将赢得议会下院多数席位，工党的席位在220至230之间。谈及英国海外驻军对大选的态度，斯大林认为，军人最需要一个强有力的政府，因此会选择保守党。

斯大林晚餐时给丘吉尔灌的这碗蜜糖水，是斯大林与丘吉尔在波茨坦会议期间仅有的一次关于大选的谈话。

平心而论，不能将斯大林对丘吉尔所说的话全然当作恭维。毕竟，在1945年英国大选揭晓前，不单国际舆论看好保守党，保守党内部也弥漫着乐观主义情绪，丘吉尔本人更是信心爆棚。理由很简单，丘吉尔是大英帝国最艰难时刻的领航者，地球上最伟大的政治家。他走到哪里，都可以看到印有他肖像的宣传画和赞美他的标语，标语上写着：此人，赢得了战争。

相形之下，丘吉尔的竞选对手艾德礼要寒酸得多，他只会和妻子一起坐一辆破汽车,从一个城市跑到另一个城市,同那些头发上沾着棉絮的女工一次又一次地握手。

毫无疑问,丘吉尔以征服者的姿态赶赴波茨坦,他中途离开波茨坦亦带着稳操胜券的自信。但是,他没有预见也没有把握到的是,战争结束了,和平到来了,英国民心发生了变化——伟大人物成了多余之物。对于"从来没有坐过公共汽车,只坐过一次地铁"(丘吉尔太太克莱门蒂娜语)的丘吉尔来说,这种变化在他感受力的边际之外。

有趣的是,大选揭晓当天凌晨,熟睡的丘吉尔突然有种感觉,就如一把刀子戳入身体,使他猛然清醒。他被某种强烈的预感攥紧:我失败了。过去几年来,维系他心理平衡的"飞行速度",不复存在。这是丘吉尔第一个首相任期的最后一天,1945年7月26日。

关于丘吉尔第一个首相任期结束后的生活,他的官方传记作者马丁·吉尔伯特有着详细的记载。根据吉尔伯特的《丘吉尔传》(长江文艺出版社2016年11月版),从第一个首相任期的卸任之日到1951年10月25日大选获胜第二次执掌相印,丘吉尔主要干了两件事:一是集中精力撰写《第二次世界大战回忆录》;二是发表了著名的反共铁幕演说。前一件事使他赢得了1953年的诺贝尔文学奖,后一件事使他成为冷战的肇始者。

丘吉尔在演说中所营造的铁幕意象,不但让同为二战胜利方的英美与苏联之间的矛盾不可调和,亦令他本人与斯大林之间失去了再度握手的机会。1945年之后的丘吉尔,或在野或在朝,或写作或旅游,见了很多朋友故交,去了亚非欧美各地,但没有与老对手斯大林重聚的记录。

1953年1月,丘吉尔赴美参加艾森豪威尔的总统就职典礼,他向艾森豪威尔提出:一同去苏联见斯大林。不过,这个建议显然为时已晚。当年3月5日,莫斯科电台宣布:斯大林逝世。斯大林与丘吉尔传说中的这段对话,错过了1945年的波茨坦,就再没机会上演了。

或许,我们该设想一种极端情况,这段对话会不会是两位巨头之间的一次隔空互怼?好事的英国作家多米尼克·恩莱特编辑过一本《温斯顿·丘吉尔绝妙睿语》(东方出版社2007年3月版),书中收录了这位语言巨人嘴中吐出的每一朵莲花。但遍览此书,仍找不到"我打仗就是为了捍卫人民罢免我的权利"或诸如此类的句子。如此绝妙的语录不被收录,只能说明一件事:我们的首相大人压根儿没有说过这句话。

至于如此绝妙的句子是如何挂到丘吉尔名下的,又是因何在中文世界里莫名传播,那就要问杜撰它的人了。不过有一点可以肯定,依着丘吉尔自命不凡的性格,他若真同斯大林有过这次语言交锋,是断不会允许自己的传记作者将此遗漏的。

13 圣女贞德作证,萧伯纳没说过,丘吉尔也没说过

互怼界技术含金量最高的一次见招拆招,发生在萧伯纳与丘吉尔之间——如果这场交锋真实存在的话。

据说,剧作家萧伯纳与政治家丘吉尔曾经互不相让,针锋相对。有一次,萧伯纳给丘吉尔寄去两张戏票,并附上一张字条:"我的戏首演,为您订了两张票,请带上一个朋友——如果您有一个朋友的话。"当时,丘吉尔四处树敌,结怨甚多。但他也知道,萧伯纳的戏并非场场叫座,于是反戈一击,回复道:"近期较忙,我无法去看首演,但我将去看第二场——如果您的戏会演第二场的话。"

这次经典的语言对决在中国广为流传,成为中国人领悟英式幽默的入门教案。

不过，与其他一些行色可疑的外国"名人名言"不同，这场语言交锋并非中文网络的杜撰。事实上，在互联网时代之前，无论是中文报刊还是书籍对此已有引用。

进一步说，萧伯纳与丘吉尔的互怼基本可以确定是舶来品。因为在英文网络里，可以查到这段对话的原句。从英文原句的语言习惯看，没有中式英语的痕迹：

George Bernard Shaw："Am reserving two tickets for you for my premiere. Come and bring a friend——if you have one."

Churchill："Impossible to be present for the first performance. Will attend the second——if there is one."

更重要的是，这段对话也见诸纸质的英文出版物。《不可抗拒的丘吉尔》(*The Irrepressible Churchill*，英国康威海事出版社1985年版，凯·哈勒著)一书第116页就记载了这段对话，而且书中还点出了对话的由头，即萧伯纳请丘吉尔去看的那出戏是《圣女贞德》。

凯·哈勒（1904—1997）是一位美国女作家兼社会活动家，丘吉尔家的座上宾。在近30年的时间里，哈勒同丘吉尔家族保持着诚挚的友谊。1963年,她说服美国总统肯尼迪,授予丘吉尔"美国荣誉公民"身份。《不可抗拒的丘吉尔》是哈勒以"丘吉尔仰慕者"的视角撰写的一部回忆录,时间跨度从二战爆发到丘吉尔逝世。

哈勒在《不可抗拒的丘吉尔》中所提及的《圣女贞德》(《Saint Joan》),是萧伯纳于1923年发表的一部六幕历史剧。这部作品以英法百年战争为背景,以奥尔良乡村牧羊女贞德率众退敌、收复失地的事迹为题材,塑造了一位为国捐躯的女英雄的形象。对于以诙谐幽默见长的萧伯纳来说,《圣女贞德》是他众多作品里唯一的悲剧。而正是这部悲剧,成就了他在作品发表两年后(1925)荣获诺贝尔文学奖。诺贝尔文学奖评委会在授奖词中如是说:"或许可以说,这部想象力丰富的作品是独一无二的,因为它表现了在一个对真正的英雄主义极为不利的时代里的英雄主义。"(《诺贝尔文学奖文库》之《授奖词与受奖演说卷·上》,第168页,浙江文艺出版社1998年5月版)

《圣女贞德》发表后,于1923年12月在纽约首演,受到热烈欢迎,连演78场;这部戏在伦敦的首演是1924年3月,亦获得了成功,连演24场。从《圣女贞德》在英美两地首演的档期,我们可以判断,萧伯纳与丘吉尔的口舌之争大致发生在1923年12月至1924年3月这个时间段内。

由于《不可抗拒的丘吉尔》只是点出了引发萧伯纳与丘吉尔对话的由头,没有注明对话的具体出处,所以只能从其他资料中查找相关线索。

在萧伯纳研究领域,有一本书历来是权威的文本,那就是佛兰克·赫理斯所写的《萧伯纳传》(外国文学出版社1983年5月版,黄嘉德译)。赫理斯是萧伯纳的爱尔兰老乡,一位才华横溢的作家。在所有文学题材中,赫理斯最擅长传记。在他的传记作品中,又以《萧伯纳传》最为出色。

《萧伯纳传》是赫理斯一生中的最后一部作品,在他去世当年,即1931年完成。有趣的是,这部传记的出版人是传主萧伯纳。更有趣的是,这部由萧伯纳的同乡、好友兼专栏编辑赫理斯撰写的《萧伯纳传》,对于传主却并非全然崇拜之态、溢美之词。相反,赫理斯对萧伯纳进行了坦诚直率的评论。既有赞扬称许,但更多的是讽刺挖苦。可以想见,如果萧伯纳与丘吉尔那场因《圣女贞德》而发生的语言交锋真实存在,如果我们承认丘吉尔凭漂亮的迎击拳略胜萧伯纳一筹,那么我们不必担心赫理斯会"为好友讳"。

查阅《萧伯纳传》,的确有一章专门论述《圣女贞德》,标题就叫《关于〈圣女贞德〉的论战》。令人惊讶的是,《萧伯纳传》里这场关于《圣女贞德》的论战,并不是发生在萧伯纳与丘吉尔之间,而是发生在传主萧伯纳与作者赫理斯之间。

赫理斯之所以与萧伯纳论战,恰恰因为人们对这部戏过于一面倒地叫好。如赫理斯所言:

> 萧伯纳的剧本很少像《圣女贞德》那样受人欢迎。老实说,似乎只有我一个人曾经苛刻地批评它,或指摘它的历史上的错误、戏剧上的弱点,以及一般的缺点。其他的人都是满口称赞。萧的学术传记作者阿奇博尔德·亨德森甚至于说"《圣女贞德》是莎士比亚以后英国最伟大的剧本"。这种赞语足以使萧在其虚荣心的晕头转向中终其余生。(第378页)

根据赫理斯的描述,《圣女贞德》在公演时的口碑状况不难洞察。它是否如赫理斯所说的"只有我一个人曾经苛刻地批评它"暂且不论,至少在《圣女贞德》的批评者中不包括丘吉尔。《关于〈圣女贞德〉的论战》中没有萧伯纳与丘吉尔这段流传甚广的对话。扩大范围,以"丘吉尔"为关键词,对《萧伯纳传》进行搜索,书中共两处提及,均未涉与萧伯纳的论争。由此可以明确,在权威的赫理斯版《萧伯纳传》中,没有关于萧伯纳与丘吉尔语言交锋的记载。

那么,在阿奇博尔德·亨德森所著的学术传记《百年文豪萧伯纳》中,是否记载了两位毒舌的较量?查阅英文原版,同样是无。

显然,从萧伯纳这一方的资料看,并没有这场对话的踪迹。那么丘吉尔这一方呢?截至目前,中文版的丘吉尔传记、著述不下十本,如亨利·佩林的《丘吉尔传》(东方出版社1992年10月版,沈永兴译)、诺曼·罗斯的《丘吉尔传》(人民文学出版社2011年7月版,李家真译)、马丁·吉尔伯特的《丘吉尔传》(长江文艺出版社2016年11月版,马昕译)和罗伊·詹金斯的《丘吉尔传》(北京时代华文书局2018年10月版,徐海幨译)等,其中,诺曼·罗斯、马丁·吉尔伯特和罗伊·詹金斯的三个版本堪称权威。对这三个权威版本的《丘吉尔传》进行全文搜索,未有与萧伯纳论战的相关描述。丘吉尔个人的回忆录,如《我的早年生活》(华文出版社2015年1月版,张小米译)和《第二次世界大战回忆录》(青岛出版社2015年4月版,方唐、贾宁等译,又译作《不需要的战争》)等,也未提及与萧伯纳的交锋。这对于向来以口才自傲的丘吉尔而言,是不可想象的。而此等反常,只暗示了一种可能:所谓萧伯纳与丘吉尔之间因《圣女贞德》而发生的对话,压根儿不存在。

还原历史,从1923年12月至1924年3月,也就是《圣女贞德》在英美两地首演的这段时间,丘吉尔在政治上颇为不顺。多年的战争使得选民"左倾",他当时效力的自由党在大选中落败,工党则获胜组建了第一个工党政府。于是,丘吉尔逐渐疏远自由党,欲重归保守党怀抱。1924年3月,《圣女贞德》在伦敦首演时,丘吉尔正以"独立的反社会主义者"身份参加补选,再次落败。

毫无疑问,身为毫不隐瞒的、始终一贯的"共产主义的反对者",丘吉尔与以"一个社会主义者"自居的萧伯纳,在政治立场上是尖锐对立的。但是,没有可信确凿的证据表明,萧伯纳与丘吉尔之间曾就《圣女贞德》乃至其他戏剧的话题进行过交流。

剑桥大学丘吉尔档案中心近年披露的信息,对这次无比精彩却无限存疑的对话作了盖棺定论:长期以来,人们一直认为这是一次真正的交流。但萧伯纳和丘吉尔在生前都不惜以提起诉讼的态度直言不讳地予以否认。

萧伯纳1950年逝世,丘吉尔1965年逝世。换言之,在

1965年之前,萧伯纳与丘吉尔的对话已被证伪。

凯·哈勒何以还会在1985年出版的《不可抗拒的丘吉尔》中援引这段子虚乌有的对话呢?或许,那正是"丘吉尔仰慕者"对真相的选择性忽略。

14 向天再借多少年?

流传甚广的所谓"普京霸气语录"里最霸气者,当属这一句:给我20年,还你一个强大的俄罗斯。

掷地有声的表达过于符合普京在中文世界的硬汉人设,以至于少有人去辨明它在俄文世界的真身。

有趣的是,即便在中文世界里,这句话的表述也不尽一致。还你一个什么样的俄罗斯?强大的、奇迹般的、不一样的……不一样的版本有不一样的形容词。

一本汉语作者用中文笔名撰写的《普京传》(中国法制出版社2016年2月版,磨剑著),选择的是"奇迹般的":给我20年,还你一个奇迹般的俄罗斯。而且这句话还成了此书的副标题。

另一本汉语作者借外文笔名撰写的《普京传》(中国友谊出版社2016年10月版,阿纳托利著),则动用了另一款修辞——强大的。

奇迹般的也罢,强大的也罢,两本均出版于2016年的传记其实不乏英雄相惜之处。很重要的一条是,两位作者都以具有强烈暗示意味的语态对普京豪言的出台背景进行了模糊化处理。

强大版《普京传》,在书的序言中写道:就在叶利钦交出权柄的同时,一位特工出身的猛汉大声疾呼……

奇迹版《普京传》,在书的末尾部分宣称:想必所有关注普京的人都记得他上台之初说过的一句名言……

叶利钦交出权柄与普京上台,是典型的连贯动作。普京正是叶利钦一手提拔的,上帝之手点化亚当、光明之门洞开的那一幕,时间刻度非常清晰——1999年12月31日深夜,叶利钦突然向全国发表电视讲话,宣布:即日起辞去俄罗斯总统兼俄罗斯国家武装力量总司令的职务,由普京总理代行上述职务直至2000年3月26日全国大选。电视讲话结束,新旧两任总统的权力交接仪式便在克里姆林宫举行,象征着国家元首的"总统链章"与"核密码箱"由叶利钦亲手交接给了普京。

叶普更替是世纪之交国际政坛的重大事件。对普京这位横空出世的"神秘人物",其一举一动、一言一行,全球媒体均抱以极大兴趣,新闻报道连篇累牍,事无巨细。"给我20年,还你一个……",如此提神的句子,断成不了漏网之鱼。普京当初若真口出此言,相关记载会铺天盖地。

既然如此,两本传记为何不径直说出某年某月某日,反而降调处理,用"同时""之初"来含糊其词?这是埋在千禧之际的谜。

当然,破解这个谜并不难。以"普京""20年""俄罗斯"等为关键词,以"1999年12月31日"和"2004年5月7日"(普京的第一个总统任期)为起讫日期进行网络搜索,没有任何结果。

由此可以负责任地说,在上台之初,普京并未做过"给我20年"的许诺,两本传记里的"普京豪言"纯属无中生有。不过,两位作者却不约而同,在"给我20年"随后的文字中话锋一转,指出这句话的原创者另有其人——斯托雷平。以相对靠谱的奇迹版《普京传》为例,作者如是说——

  这句话并不是普京首创,而是引自俄罗斯末代沙皇尼古拉二世的总理大臣彼得·阿尔卡季耶维奇·斯托雷平。1909年,这位沙俄末期的股肱之臣、中流砥柱在接受《伏尔加报》采访时说:"给国家20年的安定时间,不管是国内还是国际上,俄罗斯将变得你们认不出来。"

真的假的?属实。1909年9月1日,为推行土地改革,斯托雷平接受《伏尔加报》采访,说了上述这番话,外文史料尤其是俄文档案就此有明确记载。

众所周知,普京对斯托雷平推崇有加。不夸张地说,新世纪以来,斯托雷平从"镇压革命、实施暴政的刽子手"到"铁腕治国、锐意改革的政治家"的口碑再造,直至2008年在"史上最伟大俄罗斯人"的评选中名列第二(高居首位的是十三世纪俄罗斯的民族领袖亚历山大·涅夫斯基),跟普京的"打捞"不无关系。威权引领下的现代化,作为一种执政理念,将斯托雷平和普京——两位时隔百年的政治人物紧密联系在一起。

2013年2月13日,中国社科院世界历史所研究员、俄罗斯问题专家闻一,在《世界知识》杂志上撰文《普京为什么青睐斯托雷平》,对斯托雷平其人其事作了详细介绍。闻一表示,普京经常引用斯托雷平的话,不过常常根据自己的需要加以改变。"给我20年,还你一个强大的俄罗斯"即是一例。普京在重复了斯托雷平接受《伏尔加报》采访时说的这段话后补充说:"这些话里包含着对俄罗斯本身和对她的人民的深刻信任。"不同的是,斯托雷平强调的是"给国家20年的安定",而普京则强调"给我20年的时间"。

细品闻一所言,其实颇为费解。既然是重复了斯托雷平说的话,何来改变,又何来"给国家"和"给我"这两种不同的强调?退而言之,若真如闻一所言,普京对"斯托雷平语录"进行了改变,那么改装后的普京语录究竟语出何时?文中语焉不详。

2016年5月10日,"中国军网"刊发了国防科技大学国际问题研究中心刘德建、马建光的文章《关于俄罗斯的悬疑:俄到底是不是战斗民族?》(以下简称《战斗民族》)。《战斗民族》可以视作对闻一文章的补充,更可以理解为一种反驳。此文两个判断值得关注。其一,普京唯一一次援引"斯托雷平语录",是在2011年主持召开纪念斯托雷平150周年诞辰组委会会议上。但普京同时不忘强调,这句话不是别人,而是斯托雷平说的。其二,普京本人从未说过"给我20年,还你一个强大的俄罗斯"(包括"奇迹般的""不一样的"等类似版本)。《战斗民族》一文是迄今对普京这句霸气语录的最严密考证。

给一位政治强人20年,他能干出许多惊天动地的事,这是一个条件状语从句所孕育的强国梦。胸怀抱负的统治者对治下黎民的承诺与兑现,是俄罗斯强国梦主要的故事推动力,它推动着一个粗蛮而羸弱的国家逶迤前行,抵至现代。循着这个线索往前,能找到斯托雷平,再往前溯,还能找到更多伟大的帝王,以及更多难辨真伪的豪言。而不论豪言的真伪,那些帝王将相们都倾向于向老天讨要时间,10年,20年,500年,或者更多。

据说,叶卡捷琳娜二世临终时留下遗言:"假如我能活到200岁,全欧洲都将匍匐在我的脚下!"在中文网络里它被冠以"史上最著名的狠话"。风流女皇放过这句狠话吗?查阅最具权威的传记《叶卡捷琳娜大帝:通往权力之路》,第73章《大帝离世》对女皇弥留之际有详细记述:从1796年11月5日上午中风陷入昏迷到1796年11月6日夜晚去世,36个小时,她没能醒来过,更没有留下任何遗言。在外文网络里搜索,也全无这句话的痕迹。显然,这是某位中文网络里的狠人为女皇设计的台词。然而在1791年女皇情夫波将金过世后,她倒是提前拟定了自己的碑文:生于1729年4月21日,斯德丁(什切青,当时属于普鲁士,现属波兰)。1744年,她来到俄国,嫁与彼得三世。14岁时她立下誓言,决意取悦自己的丈夫(俄罗斯帝国皇帝)、伊丽莎白(彼得大帝的女儿)和这个国家……

叶卡捷琳娜的誓言兑现了一半。她既没能取悦自己的丈夫,也没能取悦伊丽莎白,但在她统治时期,疆域扩张,国力鼎盛,与此同时,欧洲的思想、制度、文化和时尚不断引入,俄罗斯现代化之路不可逆转——她取悦了这个国家。

如果说叶卡捷琳娜大帝代表了俄罗斯强国梦的酣甜时,那么彼得大帝就是一切的源头。千古一帝"用野蛮制服了俄国的野蛮"(马克思语),功勋卓著。依深远影响论,两件大事不得不提:一是以剃须、易服为标志的全面欧化改革;二是迁都彼得堡,打开一扇"面向西方的窗口"。

彼得在干这两件大事时,都遇到了巨大的阻力。在与国内守旧派的切磋中,他的强悍、决心、权谋和妥协精神得以展现,而他的一些语言更值得玩味。1700年,彼得颁布了一系列欧化改革法令,向俄罗斯旧俗挑战。结果,守旧派反弹强烈,"国体沦丧、国将不国"的论调甚嚣尘上。为了搪塞势力强大的旧贵族,赢得周旋的时间,彼得说:"十年之内我还需要西欧,此后我将还你们一个纯粹的俄罗斯。"1703年,彼得在兔子岛上举行的彼得堡奠基仪式上,面对一片沼泽许诺:"设若天假我以年,彼得堡将会变成另一个阿姆斯特丹。"

彼得的这两句话分别在《彼得大帝》(北方妇女儿童出版社2006年版,马夫罗金著,王宏鸣译)和《彼得大帝传略》(新华出版社1986年版,帕甫连科著,赵惠晨等译)中有记载。更重要的是,彼得的两句时间之约,"十年之内"或是"天假我以年",在句式上堪称"斯托雷平语录"的雏形。俄罗斯强国梦肇始于斯。

15 俄罗斯之大系于远东的小岛

俄罗斯虽大,但没有一寸土地是多余的。不消说,在中文世界里,这句话专属于普京。不过,普京前任同时也是继任者的梅德韦杰夫,貌似更有资格领受殊荣。事实上,在包括俄语的外文网络中搜索,普京与此言没有任何关联。最近一位明明白白说出这句霸气语录的人是梅德韦杰夫,尽管梅氏的形象不如他的政治搭档霸气。

2012年7月3日,刚刚卸任俄罗斯总统的梅德韦杰夫,以总理的身份视察北方四岛(俄称南千岛群岛)中的国后岛。国后岛是北方四岛中最接近日本的岛屿,岛上的门捷列耶沃机场距北海道不足60公里。此行是梅德韦杰夫第二次赴北方四岛视察,他甫一飞抵门捷列耶沃机场,就发表了一段极具象征意味的谈话：

> 之所以在天气如此多变的情况下坚持从萨哈林岛飞抵此处，为的是重申国后岛属于俄罗斯，包括国后岛在内的南千岛群岛历来是政府计划内极为重要的一项。虽然日本政府一直拒绝放弃对北方四岛的领土要求，但俄罗斯政府的立场也很鲜明，经济合作可以，主权问题免谈。因为，俄罗斯虽大，但没有一寸土地是多余的。

可以想见梅德韦杰夫关于北方四岛的谈话在日本朝野激起的波澜。当时，日本各大新闻机构都对梅德韦杰夫的视察有详细报道，而他对日俄争议领土北方四岛盖棺定论式的表态"俄罗斯虽大，但没有一寸土地是多余的"，至今仍能在富士电视台（日本最有影响力的商业电视媒体）官网上找到。

梅德韦杰夫这句话是2012年7月说的，但有一个现象不可思议：在中文网络里，"普京：俄罗斯虽大，但没有一寸土地是多余的"的搜索结果却早了很多——2008年4月。如前所述，在外文网络里，普京与此言没有任何关联。合理的推测是：在2012年，甚至2008年之前，已经有人说过，只是此言在转译为中文时，被国内的"普京粉"挂在了偶像名下。

果然有这么个人,他叫谢尔盖·鲍里索维奇·斯科沃尔佐夫,全俄保卫南千岛群岛委员会主席。斯科沃尔佐夫说这句话,也与北方四岛的主权争议有关。

这可以从俄日北方四岛之争的历史说起。

北方四岛是指国后、择捉、齿舞和色丹四个岛屿,位于俄罗斯千岛群岛和日本北海道之间。北方四岛资源丰富,附近正好是南北暖流寒流交汇处,经济价值与战略意义十分重要。1945年2月,《雅尔塔协定》规定:库页岛(萨哈林岛)南部及邻近一些岛屿须交还苏联,千岛群岛须交予苏联。当年9月,北方四岛作为千岛群岛的一部分被苏联占领。次年2月,苏联宣布将北方四岛并入版图,日本对此不予承认。

1956年10月19日,《日苏联合宣言》在莫斯科签署,日苏关系正常化。可是,双方并未就北方四岛问题达成共识。苏方同意把北方四岛中两个面积较小的岛屿——齿舞诸岛和色丹岛移交日本,但前提是上述岛屿的移交必须在缔结日苏和平条约之后。日方则坚持唯有将北方四岛全部归还日本后,日本才能与俄签署和平条约。

北方四岛是插在日苏之间的楔子,二战之后的几十年里,双方争议不断、交涉不断、口角不断,问题却还是问题。

针对日方的领土要求,苏方口风虽时紧时松,却从未作过"将北方四岛全部归还日本"的承诺。这个立场,从苏联到俄罗斯,始终如一。

可能是长久以来的索求未果,日本政府对完整收回北方四岛失去了信心,也失去了耐心,他们动了妥协的念头。在《日苏联合宣言》签署半个世纪之际的2006年,时任日本外相的麻生太郎抛出了一个所谓"折中方案",即按面积将北方四岛一分为二,日俄各取一半。

麻生太郎的方案在俄罗斯国内赢得了一定的支持,但更多的是反对,远东地区居民更是强烈抵制。他们担心,如果采纳了麻生的方案,那就是俄罗斯领土被蚕食的起点,也是居民权益被剥夺的开始。代表俄罗斯远东居民吁求的组织,是全俄保卫南千岛群岛委员会。自1992年起就担任该组织主席的斯科沃尔佐夫,不但谴责麻生的方案,而且对1956年《日苏联合宣言》中"向日方移交齿舞诸岛和色丹岛"的条款也提出了批评。2006年12月15日,全俄保卫南千岛群岛委员会发布了一份由斯科沃尔佐夫拟就的声明,强调日方所谓的"争议领土"其实是毫无争议的俄罗斯领土。此声明,既是对日本政府的回应,也是对莫斯科中央政府的吁请。声明的最后一句斩钉截铁:俄罗斯虽大,但没有一寸土地是多余的。

斯科沃尔佐夫声明中的这句话,是所有这个版本的表述中的最早者。

俄罗斯是苏联政治遗产的继承者。俄罗斯不愿丢失属于她的一寸土地,苏联亦然。从逻辑上讲,在1991年之前,或许还有与"俄罗斯虽大,但没有一寸土地是多余的"对应的"苏联版"。

在俄文网络核查苏联外交史资料,还真有一个名字跳了出来:爱德华·阿姆夫罗西耶维奇·谢瓦尔德纳泽,苏联最后一任外交部部长。1988年5月初,日本社会党委员长土井多贺子率团访问莫斯科。5月6日,戈尔巴乔夫接见了土井多贺子。想绕过北方四岛问题而改善苏日关系的戈尔巴乔夫强调,发展对日关系是苏联的长远政策,但苏联官方不承认存在日方所谓的"北方领土"问题。次日,时任苏联外交部长的谢瓦尔德纳泽在与土井多贺子的交谈中,重复了戈尔巴乔夫的观点。而就在这次交谈中,谢瓦尔德纳泽说出了斯科沃尔佐夫金句的"苏联版":苏联虽大,但没有一寸土地是多余的。

不过也有人认为,素有"不先生"之称的葛罗米柯才是"苏联虽大,但没有一寸土地是多余的"的原创者,但翻查相关资料，找不到文字佐证。

苏联幅员辽阔，疆域广袤。"苏联很大"甚至称不上是一种判断，而是一种事实陈述。其国之大，是帝俄时代强取豪夺、开疆拓土的结果。当然，帝俄时代的领土扩张，也并非人们所想象的只进不出，崽卖爷田、割地赔款的事不是没有发生过，而且并不少。

1867年，沙皇亚历山大二世为筹措军费，"毅然"签署《阿拉斯加割让条约》，以720万美元的价格将面积为151.9万平方公里的阿拉斯加卖给美国，核算下来，每英亩两美分。

1905年，帝俄在日俄战争中战败，被迫签订《朴茨茅斯和约》，向日本割让库页岛（萨哈林岛）北纬50°以南的领土。当时主持签订和约的总理大臣谢尔盖·维特，在战后被封为萨哈林伯爵。因南萨哈林割让给了日本，他遂被俄罗斯人讥为"半个萨哈林伯爵"。南萨哈林直到二战结束，才被苏联收回。

"进进出出，大进大出"是俄罗斯疆域扩张的基本态势，这种态势造就了俄罗斯之大、苏联之大。检视俄罗斯疆域变迁史，既有维特之类背负"俄国李鸿章"骂名的耻辱者，也不乏斯科沃尔佐夫之类对领土锱铢必较的捍卫者。而在俄罗斯真正处于危急时刻，为了捍卫领土，有更多人献出了生命，那也是一寸山河一寸血的壮怀激越。

1941年11月,莫斯科保卫战进入最艰苦阶段。莫斯科西北方向的沃洛科拉姆斯克战况尤为惨烈,苏联第316步兵师负责扼守此处。1941年11月16日,该师1075团5连指导员克洛奇科夫率部同几十辆德军坦克鏖战4个小时,未让敌军通过自己的阵地。最终,身负重伤的克洛奇科夫带着一捆手榴弹扑向德军坦克,壮烈牺牲。克洛奇科夫在生命的最后一刻,通过半截电话话筒喊出了苏联卫国战争期间最著名的口号:"俄罗斯虽大,但我们已经无路可退,我们的身后就是莫斯科。"

克洛奇科夫的呐喊,是斯科沃尔佐夫"俄罗斯虽大"的源头,也是谢瓦尔德纳泽"苏联虽大"的出处。很遗憾,谢瓦尔德纳泽对土井多贺子说出"苏联虽大"三年后,2200万平方公里的苏联成了1700万平方公里的俄罗斯。

16　撒谎者不会承认自己撒谎

长久以来,"谎言重复千遍就是真理"被认为出自约瑟夫·戈培尔之口。

这个判断,被撒谎者悖论死死罩住。按撒谎者悖论的语义逻辑进行剖析,漏洞立即显露。作为彻头彻尾的撒谎者,戈培尔怎么会承认自己说了谎?进而言之,若戈培尔老老实实承认自己说了谎,他还是撒谎者吗?

显然,关于"戈培尔:谎言重复千遍就是真理"的判断还有两种可能:其一,说这句话的戈培尔不是撒谎者;其二,这句话不是撒谎者戈培尔说的。

纳粹德国给全人类带来的那场浩劫证明,戈培尔不可能不是撒谎者。于是,另一种可能在逻辑上便完全成立——戈培尔并没有说过这句话——尽管这句话像是为他度身定做的。

一个逻辑上绝对说不通的判断,何以成为人们的普遍认知?

审视"谎言重复千遍就是真理"的传播,会有一些有趣的发现。在中文网络里,这句话以毋庸置疑的姿态被挂在戈培尔的名下。搜索戈培尔语录之类,这句话永远占据着C位,甚至还衍生出一个叫"戈培尔效应"的概念。所谓"戈培尔效应",即强调重复是一种力量,通过心理累积暗示以造成既定事实,以单方面对信息进行封锁和夸大的方式制造谣言,并千方百计地让人相信谣言,其实质即"谎言重复千遍就是真理"。

然而,考察"多言癖患者"(德国剧作家罗尔夫·霍赫胡特语,等同于中文的"话痨")戈培尔的诸多语录,"谎言重复千遍就是真理"是一种暧昧的存在。因为"话痨"其他的一些陈词滥调,多半能找出准确的出处。比如:

"我们来到国会,为的就是在这个民主的兵工厂里制造我们自己的武器。"出自1928年4月30日戈培尔为纳粹党的宣传喉舌《人民观察家报》所写的社论。

"新闻在某种程度上必须是政府手中的一架钢琴,一架可由政府弹奏的钢琴。"出自 1933 年 3 月 16 日戈培尔担任纳粹政府国民启蒙和宣传部部长后的首次记者招待会上的发言。

"请不要被世界上就要开始的喧嚣所迷惑,谎言终有一天会不攻自破,真理将再次战胜谎言。"出自 1945 年 4 月 28 日戈培尔致长子哈拉尔德的绝笔信。

……

独独这句"谎言重复千遍就是真理"来路不明,你既无法确定它是戈培尔何时所说,也无法定位它出自戈培尔的哪次讲话或哪本著述。而在"戈培尔效应"的中文网络词条中,有一段模棱两可的陈词:

> 戈培尔和他的宣传部不但牢牢掌控着舆论工具,颠倒黑白,混淆是非,以愚弄德国人民,他本人还在各种场合亲自出马,发表演说,贯彻纳粹思想。戈培尔就是这样给谎言穿上了真理的外衣。他还因此做了一个颇富哲理的总结——重复是一种力量,谎言重复一百(千)次就会成为真理。

戈培尔总是在干一些给谎言穿真理外衣的勾当,其所作所为臭名昭著,无可抵赖。但"他还因此做了一个颇富哲理的总结"云云,就其表达的精准性而言,实在显得底气不足,含混不清。至少,这不是对"谎言重复千遍就是真理"出处的合理交代。

那么相关文献有无记载呢?国内陆续出版过一些戈培尔传记,但算得上权威的,唯有德国纳粹史研究专家拉尔夫·格奥尔格·罗伊特撰写的《戈培尔传》,此书由周新建等翻译成中文,于2016年7月由人民文学出版社出版。通读这本"以翔实史料为基础,勾勒戈培尔一生"的传记,书中虽有对戈培尔谎言的揭露、驳斥和嘲讽,却并没有以戈培尔直接引语形式出现的"谎言重复千遍就是真理",无论是戈培尔的私密谈话,还是公开发言。

值得一提的是,罗伊特还是著名的《戈培尔日记:1924—1945》(以下简称《戈培尔日记》)德文原版的编者。《戈培尔日记》是戈培尔研究的一手资料,也是洞察其内心的一把钥匙。此书国内尚无完整译本,上海译文出版社于1987年5月出版了节选本,即《戈培尔日记:1945年》,所记的时间是从1945年2月28日至4月10日,第三帝国风雨飘摇、行将覆灭的前夜。戈培尔大篇幅地记录了德军的颓势和纳粹的惶恐,不过,中文节选本《戈培尔日记》的正文里,没有"谎言重复千遍就是真理"。蹊跷的是,在此书"译者的话"开头,有一句不知所云的表述:"凡提到纳粹德国,人们自然会联想到那个给人类文明史留下最野蛮、最黑暗纪录的刽子手——希特勒;而一提到希特勒'谎言重复千遍,便是真理'的发明,人们又会想到他最忠实的党羽和吹鼓手——戈培尔。"毋庸赘言,上述话语纯属译者的个人理解,加之其亚健康的表述,读来如坠雾霾,使得原本就令人生疑的判断更加疑云密布。

撇开《戈培尔日记》不谈,查阅与戈培尔相关的一些重要译著,如威廉·夏伊勒所著《第三帝国的兴亡》(世界知识出版社1996年9月版)、丽达·巴洛娃所著《我一生的甜蜜与痛苦:明星生涯与希特勒、戈培尔情怨录》(中央编译出版社2002年1月版)等,均未提及"戈培尔的这句名言"。

由此,可以负责任地说,"谎言重复千遍就是真理"出自戈培尔之口的说法,在中文世界虽影响甚大、流传甚广,但细一探究便露出其妾身未明的尴尬。

"戈培尔名言"在中文世界经不起推敲,那么在其母邦又是何等际遇?

在德文网络里搜索"谎言重复千遍就是真理"(eine Luege, die eintausend Mal erzaehlt wurde, wird zur Wahrheit），结果出人意料：没有任何答案，更莫说与戈培尔有何关联。事实上，"谎言重复千遍就是真理"并没有原生的德文版本。因为句中数词虚指的"千遍"，是中文特产，西方人少有此类修辞。换言之，古往今来，压根儿就没有一个德国人说过"谎言重复千遍就是真理"。

退而求其次，用与这句话意思相近但更符合德文表达习惯的句子，如"谎言重复无数遍之后就成了事实"（wenn man eine Lüge haeufig genug wiederholt, dann wird sie zur Wahrheit）进行搜索，"戈培尔"出现了。可是，"戈培尔"在德文网络的现身模式，与中文网络高度相仿：戈培尔曾经说过、或许表达过、就此总结过、他就是这句话的实践者……但就是给不出翔实的出处，总之语焉不详。

而在德文网络里，有一位叫米夏埃尔·曼海默（Michael Mannheimer）的作者比较特殊。此人是独立撰稿人，专事考证各种语录的真伪。很巧，此人考证过"谎言重复即真理"，结果石破天惊。

曼海默研究了所有关于戈培尔的原始文献，得出三点结论：一、戈培尔从来没有奉上过"谎言—重复—真理（真相、事实）"的任何表达；二、戈培尔在对人民的洗脑和欺骗中，不会自陈"谎言",而是使用"打破最简单的规则"(Probleme auf die einfachste Formel bringen)——一种以机械式的精密所营造的含糊;三、最接近于上述意思的表达出现在1942年1月29日的戈培尔日记:

> 我越来越明白,人民比我们想象的要更蒙昧。宣传的真谛就是简单和重复。只有能不断打破最简单的规则的人,以及勇敢面对那些所谓的理智人群而不断打破他们规则的人,才能够成功地对民众施加影响。

撒谎者不会承认自己撒谎,这是戈培尔一生的写照。相反,撒谎者在言说中会大量使用慷慨激昂、蛊惑人心的句子,所谓巧言令色。但历史会戳穿撒谎者的谎言,把真相还给人们。

实事求是地看,戈培尔没有说过"谎言重复千遍就是真理",也没有表达过"谎言经重复即为真理"的意思。而最早表达过这个意思的人,是奥威尔。奥威尔在《一九八四》(辽宁教育出版社1998年3月版,董乐山译)第一部第三章中,有一段对主人公温斯顿·史密斯(大洋国公民、英社党党员)

的心理描述:"如果别人都相信党(英社党)说的谎话——如果所有记录都这么说——那么这个谎言就载入历史而成为真理。"奥威尔在对纳粹的反思中,追加了对戈培尔的批判。在奥威尔金句之下,满嘴谎言的纳粹宣传魔头戈培尔现出了丑陋的真身。

17 关于"知识就是力量"的知识考古学

人们总是说,培根说"知识就是力量"(Knowledge is power)。其实,培根并不是这么说的,他的原话是:人类知识和人类权力归于一(Knowledge and human power are synonymous)。

这句话出自培根的哲学著作《新工具》(商务印书馆·汉译世界学术名著丛书,1984年10月版,许宝骙译)第一卷第三条语录。循着书中译注,还能找到关于"人类知识和人类权力归于一"的若干衍生表述——

> 这三种发明(印刷、火药和磁石)已经在世界范围内把事物的全部面貌和情况都改变了:第一种是在学术方

面,第二种是在战事方面,第三种是在航行方面;并由此又引起难以数计的变化来;竟至任何帝国、任何教派、任何星辰对人类事务的力量和影响都仿佛无过于这些机械性的发现了。……而说到人类要对万物建立自己的帝国,那就全靠方术和科学了。因为我们若不服从自然,我们就不能支配自然。(第一卷第129条语录)

虽然通向人类权力和通向人类知识的两条路途是紧相邻接,并且几乎合二为一,但是鉴于人们向有耽于抽象这种根深蒂固的有害的习惯,比较妥当的做法还是从那些与实践有关系的基础来建立和提高科学,还是让行动的部分自身作为印模来印出和决定出它的模本,即思辨的部分。……现在我们可以看出,上述两条指示——一是属于行动方面的,一是属于思辨方面的——乃是同一回事:凡在动作方面是最有用的,在知识方面就是最真的。(第二卷第4条语录)

显然,人们所熟知的"知识就是力量",是对培根在《新工具》中一系列论述的浓缩并格言化的结果。当然,这并不妨碍人们将这顶知识史上的语言桂冠戴在培根头上。在中文世界,"知识就是力量"的定型是在20世纪50年代,当时中国科协创办了一本从苏联编译过来的同名科普杂志,叫《知识即力量》。周恩来应邀为杂志题写刊名,将"知识即力量"改为更通俗易懂的"知识就是力量",遂广为传播。

对知识史进行考察,人们有理由认为,是培根重新定义了"知识"。因为培根,人类的知识,即对世界的认识、对自然的探究,被截然分为两个阶段——他之前的和他之后的。

培根言说的知识,一如《新工具》书名本身所传递的信息,具有浓厚的工具色彩。在人类历史上,特别是文艺复兴之后,声称人类要运用知识支配自然、对万物建立统治的,不乏其人,但少有人像培根这样如此鲜明地提出:有用的知识才是真知。

那么,有用的真知从何而来?"英国唯物主义和整个现代实验科学的真正始祖"(《马克思恩格斯全集》第二卷之《神圣家族》,人民出版社1972年6月版)培根认为,从实践中来。培根反对那种脱离实际、脱离自然的所谓知识,他把实验观察、事实积累和生活常识引入了认识论。文艺复兴之后,欧洲自然科学的发展和技术的进步,支撑了培根的抱负。《新工具》第一卷开宗明义:"人作为自然界的臣相和解释者,他所能做、所能懂的只是如他在事实中或思想中对自然进程所已观察到的那样多,也仅仅那样多;在此以外,他既无所知,亦不能有所作为。"依照培根的观点,知识源自实践,又将付诸实践;它既是先前行动的总结,又是后续行动的法则;它是经验的,而非超验的。

《新工具》堪称不列颠经验主义的开篇宣言,知行合一是这篇宣言的基调。从"知行合一"的模板上拓印出"人类知识和人类权力归于一"乃至"知识就是力量",是逻辑的必然,是语言在某种思想法则框定下的填空。

经验主义者在思维模式上天然倾向于归纳法,因为基于感性经验的认知,在思考和解决问题时总是习惯于从具象的、特殊的而非抽象的、一般的方面着手。培根《新工具》的"新",正是对亚里士多德《工具论》所强调的演绎法的扬弃。

作为新工具的归纳法的提出,标志着近代意义上英伦经验主义与欧陆理性主义的分野。培根之后,两种思维模式塑造了不同的哲学观念、行为方式、法律体系、政治风格和社会经济风貌。培根之前,溯源欧洲哲学史,经验主义与理性主义两种思想类型长期处于相互对立、斗争又彼此交叉、渗透的状态。两种思想类型的纠缠,始于米利都学派与毕达哥拉斯学派对万物之始为何的认识分歧。此后,又经历了普罗塔哥拉感觉经验说与苏格拉底天赋观念论的对立、德谟克利特唯物主义反映论与柏拉图唯心主义先验论的斗争,而亚里士多德则摇摆于经验主义与理性主义之间并实现了两种思想倾向的调和,第一次创立了比较完备的形式逻辑体系。进入中世纪后,哲学沦为神学的婢女。但在经院神学内部,经验主义与理性主义的对抗仍以"唯名论 vs 唯实论"的形式延续着。直至近代,哲学终于摆脱神学的羁绊。与此同时,科学逐步从哲学中分化、独立出来。于是,培根全新知识观的提出便成了水到渠成之事。

之所以梳理认识论的发展,是因为有经验主义与理性主义对抗、论战的大背景,而人们对知识本身的态度也不尽一致。相对而言,经验主义由于坚信通过经验可以洞悉自然奥义,注重感觉的作用,所以更侧重于知识的功能属性;而理性主义由于笃信唯有理性才能把握事物本质,注重心灵的力量,所以更强调知识的伦理价值。譬如,苏格拉底就曾探讨过"美德即知识"的假设,柏拉图则阐述了"一切知识都是灵魂回忆"的命题,而亚里士多德又有"学问是富贵者的装饰品,贫困者的避难所,老年人的粮食"一说。

上述三位古希腊思想家,除了亚里士多德带有经验主义与理性主义相调和的痕迹,苏格拉底和柏拉图都属比较纯粹的理性主义者。所以,苏格拉底和柏拉图论及"知识"大都与"美德""灵魂"之类的词汇挂钩,而亚里士多德所言"学问"

则多少有了些功用的属性。

苏格拉底、柏拉图和亚里士多德是构成培根哲学体系重要的思想源流,然而,单论"人类知识和人类权力归于一",很难说他们给予培根何种提点或启发。事实上,查阅古希腊罗马的相关典籍,对"知识"的论述中未见有与"权力"或"力量"相捆绑的句式。可以说,如果要为培根的名言找一句"前世",它应该不在古希腊罗马一脉。

那么,作为西方文明的另一个源头——基督教文化中,是否有与"人类知识和人类权力归于一"类似的表达呢?

《圣经》是人们必然会想到的文本。从"知识"的视角看《圣经》,它不仅是一部宗教经典,还是吸纳融汇了近东和欧洲社会早期历史、文学、哲学的文献汇编,是一部包罗万象的百科全书。作为"智慧之书"的《圣经》,有不少关于知识和智慧的论说。在《圣经·旧约》中有《诗歌智慧书》五卷:约伯记、诗篇、箴言、传道书和雅歌。其中箴言一卷里有大量关于人生哲理的探讨,"智慧"是串联此卷各章节的关键词,如"智慧的赏赐""智慧的高超""智慧的呼召"等等。箴言卷就是一本高浓度的智慧语录。例如:第二章的"智慧必入你心,你的灵要以知识为美";第八章的"因为智慧比珍珠更美,一切可喜爱的,都不足与比较";第16章的"人有智慧就有生命的泉源;愚昧的人必被愚昧惩治"……而在箴言卷第24章中,有一个让人眼熟的句子:"智慧人大有能力;有知识的人,力上加力。"

"有知识的人,力上加力"与培根所言"人类知识和人类权力归于一",尽管句式有差异,但都明确表达了知识与权力(力量)的关联。前者比之后者,在含义上甚至更接近于享誉天下的"知识就是力量"。

人类无论多么艰深的思考,都是在诉说着古老的命题。培根又何尝不是?或许,他并不自知。

补注:网上有文章称,著名理论家邢贲思先生曾提及,他在阅读美国学者威尔·杜兰特(Will Durant)的《世界文明史》时发现,在培根未公开发表的《沉思录》的片断中有"知识就是力量"。根据该文提示,查阅《世界文明史》第七卷《理性开始的时代》(华夏出版社2010年7月版),在该卷第一部《理性的觉醒》之第七章《揭橥理性》之第四节《大更新》中找到相关内容(第182页),系对《新工具》第一卷第一条语录"人作为自然界的臣相和解释者"的注释,原文如下:

著名的成语"知识就是力量"并未出现在培根现存的著作中,但在他的《沉思断想》(Meditationes Sacrae)中,他写道:"知识本身便是一种力量。"当然,这种思想贯穿了培根的所有著作。

由于培根《沉思断想》是用拉丁文撰写,且未公开发表,所以无法进一步核实。但就"知识本身便是一种力量"而言,与"知识就是力量"仍有语义上的微妙差异。

18 比雪花更无辜的是伏尔泰

如果一句名言你实在不知道是谁说的,那你就说"是伏尔泰说的"。在汉语世界,这是"名言认名人"的常见套路。伏尔泰似乎总能说出一些既有迷人诗意,又不乏深邃思想的句子。

伊夫林·霍尔所说"我不同意你说的每一个字,但我会誓死捍卫你说话的权利"(出自伊夫林·霍尔撰写的《伏尔泰的朋友》一书),被挂在伏尔泰名下,即是一例。另一个例子是"雪崩时没有一片雪花是无辜的"。

从某种意义上说,"没有一片雪花无辜论"比"誓死捍卫不同意见说",更符合文艺腔与思想性兼而有之的伏尔泰特性。因此,在中文网络里,"没有一片雪花无辜论"始终与

"伏尔泰说过"捆绑在一起。尽管在这个句子被高频引用时,就已经有人明确提出真正的言说者另有其人。

其实,"没有一片雪花无辜论"及相关句式的流行,是21世纪之后尤其是2010年之后的传播现象。梳理这个句子在中文网络的流传,可以发现一些有意思的东西。

2010年之前,这句话很少被提及,网络上唯一能找到的痕迹是"大耳朵英语"网站于2008年10月20日发布的一个知识帖——"最有意思的100条名言",第21句就是"伏尔泰名言":雪崩时没有一片雪花会有负罪感(No snowflake in an avalanche ever feels responsible)。无法核实"最有意思的100条名言"是发布者自己的整理还是转载他人的内容,但就收录的句子来说,难称严谨与准确。最典型的是,题为"100条名言",实际编排的竟有101条。这个知识帖虽不靠谱,但其互联网记忆的原点价值不容忽视。在没有外部干预和纠偏的情况下,"伏尔泰说过"会在很大程度上影响后续的搜索。

当然,在"大耳朵英语"网站发布了"最有意思的100条名言"之后,所谓"伏尔泰名言"并没有立刻热起来,它一度沉寂了好几年。其间,有一个比较重要的插曲。2011年11月21日,《新世纪》周刊第45期刊发了刘瑜的专栏《恶之平庸》。这是一篇反思纳粹魔头艾克曼(文中如此,更常见的译法为艾希曼)罪行的文章,刘瑜写道:"西谚云:'没有一滴雨会认为自己造成了洪灾。'当一个恶行的链条足够长,长到看不到链条全貌时,每个环节的人都有理由觉得自己很无辜。"

谁都看得出刘瑜文中的西谚"滴雨成洪",与"没有一片雪花无辜论"在含义上的接近。刘瑜所阐述的"平庸之恶",为此后汉语文本对"没有一片雪花无辜论"的引用框定了论域。这句话一般被用于责任体系的辨析,以抨击庸众的盲目和网络暴力的残忍。

刘瑜的《恶之平庸》后来被收入其专栏集《观念的水位》(浙江大学出版社2013年1月版)。2013年4月,一位叫"丹麦小鼠"的豆瓣网友写了一篇题为《读〈观念的水位〉》的读后感。值得注意的是,"丹麦小鼠"在文中如是说:"有这么一句话:雪崩时,没有一片雪花觉得自己有错。"虽然作者在引用这句话时没有点出言说者,而是用了相对模糊的"有这么一句话",但这篇读后感中的引用,无疑在互联网上再次激活了"没有一片雪花无辜论"。

2013年6月,有一则知乎问答的题目就是"当发生雪崩的时候,没有一片雪花觉得是自己的责任。生活中出现类似的问题,如何解决?"而一位赢得最多赞同的网友在回答时引用了古斯塔夫·勒庞在《乌合之众》中的观点——群体从不承认他们的罪行，即使把事实摆在他们眼前也是一样。

难以确认知乎的这则问答是否为"没有一片雪花无辜论"病毒式传播的起点，不过从网友的表述看，人们似乎对个人在群体性事件中所应肩负的责任，达成了情感共识。

此后，"没有一片雪花无辜论"所衍生的近似句式，以越来越高的频次，出现在各种体例、各种传播介质的文章中。2015年后，这句话更是呈漫卷中文互联网的态势——或被用来声讨网络暴力对普通个体的伤害，或被用来评判贪腐链条上所有利益相关方的责任，或被用来检视重大事故中每一个细节的失误……

可无论是什么场合或背景的引用，"伏尔泰说过，雪崩时没有一片雪花是无辜的"都占了绝大多数。而关于这句名言出处的不同意见，则淹没于互联网的汪洋大海中。

然而这一次，真理又是掌握在少数人手里。"没有一片雪花无辜论"真正的版权，属于波兰犹太裔诗人斯坦尼斯拉夫·莱克，这句话出自他的格言集《思绪纷乱》(*More Unkempt Thoughts*)。

斯坦尼斯拉夫·莱克是一位传奇式的人物，生于1909年，卒于1966年。他早年从事新闻工作。二战爆发，德军入侵波兰,身为犹太人的斯坦尼斯拉夫被迫逃往罗马尼亚。在逃亡途中被德军抓获,关押在乌克兰捷尔诺波尔集中营,不久被判处死刑。斯坦尼斯拉夫被带到树林里,拿铁锹给自己挖墓穴。看管斯坦尼斯拉夫的卫兵们感到饥饿去吃饭,只留下一人陪着行将就戮者。于是,斯坦尼斯拉夫瞅准时机,用铁锹击杀了愣神的卫兵,穿上卫兵的军装,潜回华沙,并找到了地下抵抗组织。此后,他一直参与反抗纳粹的斗争,直至二战结束。

斯坦尼斯拉夫年轻时的作品主要是抒情诗,后期以创作格言和警句而闻名,被誉为现代最后一位讽刺艺术大师。《思绪纷乱》是系列格言集的收官之作,于作者去世当年(1966)出版。在英文版《思绪纷乱》中,"没有一片雪花无辜论"的原文表述是:雪崩时没有一片雪花认为自己有责任(No Snowflake in an avalanche ever feels responsible)。

显然,时下人们熟知的"雪崩时没有一片雪花是无辜的",比起斯坦尼斯拉夫最初的版本,句式有所调整,意思也发生了微妙的变化。最初版本的"认为自己有责任"是主观认定,而网络流行版的"无辜"是客观评判。有趣的是,斯坦尼斯拉夫原版的英文句式,反而与那个"最有意思的100条名言"中的"伏尔泰名言"一模一样。

事实上,自"没有一片雪花无辜论"在中文网络流行起,坚持"源自斯坦尼斯拉夫"者,就一直顽强地向认为"伏尔泰说过"者索要版权,互联网上不难找到他们抗争的印记。

譬如,2015年12月24日,网友BurningMo在回答知乎提问"'雪崩时没有一片雪花觉得自己有责任'这句话的出处是哪里?"时,就明确表示:出处不是伏尔泰,而是斯坦尼斯拉夫。

又如,2018年11月3日,网友曹哲在回答知乎提问"如何理解'雪崩时,没有一片雪花是无辜的'这句话"时,不但声明了这是斯坦尼斯拉夫的名句,而且对这句话的意思进行了详细解读。

遗憾的是,"正确的人"没能在互联网的狂欢中成为主角,"伏尔泰说过"依然号令群雄。一句讽刺庸众无脑和网络无序的格言,在引用时却被公众一本正经地张冠李戴,这不得不说是一个莫大的讽刺。

更可笑的是,早在"没有一片雪花无辜论"盛行中文网络之前,就已经有公开出版的文字材料为这句话验明正身。《外国名言引语金库》(河南教育出版社1992年12月版,刘宪之、唐克蛮、庄涛主编)第581页写得很清楚:"雪崩时没有一片雪花认为自己有责任"出自斯坦尼斯拉夫·莱克的

《思绪纷乱》。

很多年前,就有人在道旁立起了路标,但后来者仍沿着错误的方向越走越远。"伏尔泰说过"的错不在伏尔泰,他生活在两个多世纪前,既不能为自己证明,也不能为自己证伪。错的是互联网上那些思绪纷乱的雪花。

19 一切伟大的灵魂都由泪里生长

"不曾哭过长夜的人,不足以语人生。"几多人生况味,都在对泪水的啜饮中化作苦尽后的那点回甘。如此直戳人心的表达,几乎是鲁迅定制版,太有大先生范儿了。你可以想象,某个冬夜,鲁迅坐在虹口寓所的桌前,手里夹着卷烟,仰望窗外夜空,然后悠悠地吐出这句话……

但抱歉,鲁迅博物馆资料查询在线检索系统,拆散了这次名言与名人的天作之合,查询结果是"鲁迅先生说,我没有说过"。

退而言之,即便鲁迅在某个场合说过,他也只是引用,而非原创。至于这句话的原创者,中文网络还有一种比较惹眼的说法:苏格兰哲学家、历史学家托马斯·卡莱尔。

托马斯·卡莱尔百度百科的"经典语录"一项里就收录了这句话,而更有力的佐证由《外国名言引语金库》奉上,该书第62页言明,"不曾哭过长夜的人,不足以语人生"是卡莱尔所说;鹤见祐辅所著《拜伦传》(湖南人民出版社1981年10月版,陈秋帆译)第18页也引用了这句话。

因为《外国名言引语金库》没有具体指出卡莱尔是在哪部著作或哪次谈话中说了这句话,所以要进一步考察这句话的来龙去脉,《拜伦传》应该是个不错的选择。

《拜伦传》是日本自由派作家鹤见祐辅所著,日文版于1935年面世,40年代初陈秋帆将之译为中文。鹤见祐辅这本《拜伦传》主要取材于法国传记作家安德烈·莫洛亚的《唐璜:拜伦传》(浙江文艺出版社1985年1月版,裘小龙、王人力译,法文原版于1931年出版)。其优点就像湖南人民出版社1981年10月版的编者所评,在于"叙事生动有致,文笔摇曳多姿";其缺陷则是过于通俗化,缺乏学术性传记所应有的严谨与缜密。而鹤见祐辅在《拜伦传》中对卡莱尔的引用,或许是这本传记优劣的最佳注脚。这句话出现在《拜伦传》原作者序的第三节:

"不曾哭过长夜的人,不足以语人生。"哲人卡莱尔是这么喝破了。一切伟大的人是由泪水里生长,从苦恼和穷迫中间迸出来的。

应该讲,鹤见祐辅对卡莱尔的引用,是妥帖而讨巧的,"哲人卡莱尔是这么喝破了"甚而有几分禅意。问题在于:卡莱尔于何时、在何地、因何事"这么喝破了"?鹤见祐辅在《拜伦传》里没有进一步的交代,他像是一位草草填了答案却没有列写解题过程的考生。

在很长一段时间里,鹤见祐辅所给出的答案,即卡莱尔说的"不曾哭过长夜的人,不足以语人生",在相对专业的领域占主导地位,其权威性远胜于更为业余的"鲁迅说"。

而在草根网民中流传甚广的"鲁迅说",唯一能排出的线索也许是鲁迅读了鹤见祐辅《拜伦传》日文原版后的引述。鲁迅对鹤见祐辅并不陌生,鹤见祐辅的杂文集《思想·山水·人物》就是由鲁迅译介到中国的。但严格说来,从鲁迅读日文版《拜伦传》到转述这句话——倘若这个假设成立,兑现这个假设的时间区间极其有限,也就一年左右——日文版《拜伦传》出版于1935年,而鲁迅逝世于1936年。

不难看出,"不曾哭过长夜的人,不足以语人生",鲁迅即便是引用,也破绽多多。那么,更专业一些的"卡莱尔说"是否就颠扑不破呢？从网络记载看，至少在2010年之前是少有人怀疑的。毕竟，有《拜伦传》和《外国名言引语金库》两本公开出版物白纸黑字的加持，普通人若发起挑战，显得无可傍依。

然而在2010年之后，情况发生了变化。随着互联网的不断普及，信息的多源汇入，公共审核与甄别能力的迅速提高，"卡莱尔说"不但受到质疑，而且很快被推翻。"击倒"卡莱尔的人，是歌德。在这场颠覆中，起到关键作用的是一位叫林枫寒（网名绪风）的豆瓣网友。

2012年12月30日，绪风在豆瓣上发布了一篇题为《不曾哭过长夜的人，不足以语人生》的帖文。绪风指出，鹤见祐辅的《拜伦传》误导了人们，"不曾哭过长夜的人，不足以语人生"并非卡莱尔原创，这句话的真正出处是歌德的小说《威廉·迈斯特求学记》。之所以人们将这句话与卡莱尔联系在一起，是因为卡莱尔于1824年将这部小说译成了英文。由此，译者被谬传为原作者。歌德用德文说过的一句名言，经几种语言和不同文化背景的摆渡、切换，以讹传讹，到了中文世界终成一个美丽的误会。

不过，绪风在帖文中也承认，他的文章是援引了一位台湾博主的考证，这位博主网名叫"空昇"。2011年7月2日，

"空昇"在痞客邦网站"空之境界"发布了一篇博文,文中有涉及歌德名言的考证,内容大体与绪风的转述一致。他还在博文中比较了这句话歌德德文版和卡莱尔英文版的区别,并提出歌德的这句话可能源于《圣经·诗篇》。

"空昇"的考证不难核实,因为歌德的《威廉·迈斯特求学记》有大陆译本,书名略做调整,叫《威廉·迈斯特的求学年代》(华夏出版社2008年1月版,张荣昌译)。

《威廉·迈斯特的求学年代》是歌德《威廉·迈斯特》二部曲的上部(下部是《威廉·迈斯特的漫游年代》),1777年开始创作,全部作品完成于1796年。一般认为,在歌德所有作品中,《威廉·迈斯特》享有"仅次于"乃至"等同于"《浮士德》的地位。《威廉·迈斯特的求学年代》讲述了富商之子威廉·迈斯特的成长历程。威廉·迈斯特自幼热爱戏剧和文学,厌恶小市民的庸俗生活,不愿意子承父业,于是随流浪剧团四处巡游、浪迹天涯,最终找到了自己的归宿。鉴于这部作品的主题是"对美好灵魂的求索",《威廉·迈斯特的求学年代》又被人们称为"修养小说"或"教育小说",沿袭至今。

《威廉·迈斯特的求学年代》甫一出版,就受到了以弗·施勒格尔为代表的早期浪漫派人士的追捧,他们尤其欣赏歌德小说中的抒情成分以及对迷娘和竖琴老人两个形象的刻画。提及竖琴老人,必须予以高度关注。因为歌德的这句名言,正是出自竖琴老人的吟唱,那是该书第二部第13章。威廉·迈斯特烦恼不安地游走在街头,他想去拜访竖琴老人,借助老人的竖琴来驱除心中的恶魔。他来到小城的一家下等客栈,登上楼梯,走上阁楼,甜美的琴声顿时从一个小房间里迎面扑来。那是一首饱含悲伤与忧郁的歌曲:

> 谁从不含泪吃自己的面包,
> 谁从不坐在自己的床上哭泣,
> 度过这愁肠百结的深宵,
> 他就不识你们苍天的威力。
> ……

在愁肠百结的深宵,坐在床上哭泣,含泪吃自己的面包,完成这轮爱与怕的洗礼,你会识得苍天的威力。所谓人生,不过如此。无须赘言,歌德借竖琴老人之口唱出的这一段,正是"不曾哭过长夜的人,不足以语人生"的源头。

歌德这句话与其说是源于《圣经·诗篇》,不如说是对天启之文的回应。《圣经·诗篇》第80章第五句曰:"你以眼泪当食物给他们吃,又多量出眼泪给他们喝。"

对于怜悯与慈悲,要报之以感激涕零,进而明白一个道理:无论喜与怨,上苍的安排无可更改,要学会与命运施予你的一切达成谅解——总是在深夜,人类对自己的遭遇有了痛的领悟。

20 别林斯基眼中的"哈姆雷特"

"一千个人眼中有一千个哈姆雷特",类似的表达是"一千个观众眼中有一千个哈姆雷特"或"一千个读者眼中有一千个哈姆雷特"。

这个英伦味甚浓的句子,几乎是中国观众(读者)介入莎士比亚作品的基准口诀。人们对之熟悉的程度,甚至超过了对哈姆雷特的了解。哈姆雷特的悲剧命运,由其分裂多元的性格铺就,而其性格的丰富性又与人们审美的差异性完美对接,每一个人都从丹麦王子的性格光谱中撷取属于他的那一束。

那么,这句名言究竟出自何人?

中文网络众说纷纭。譬如,有人说出自莎士比亚,也有人说恩格斯曾在《致斐迪南·拉萨尔》中引用……但每一种说法似乎都令人生疑。在名言系列里,"一千个哈姆雷特"天然具有一种人们知其然而不知其所以然的特质。

当然,网上关于这句名言版权的追问也从未停歇,其中一篇文章值得关注。2014年11月29日,科学网刊发了南京信息工程大学副教授陈昌春的文章《"一千个人眼中就有一千个哈姆雷特"疑是中国人制造之山寨版英谚》(以下简称"山寨版英谚")。在这篇文章中,作者对"一千个哈姆雷特"诸多疑似出处进行了梳理和辨析。

"山寨版英谚"一文指出:莎士比亚的《哈姆雷特》久演不衰,不知何时何地传出所谓"一千个人眼中就有一千个哈姆雷特",然而,简单网搜之下,竟很少发现正宗英文网页有这方面的踪影,中文网页倒是俯拾皆是。而一些英文网页中对这句话的英文表述(There are a thousand Hamlets in a thousand people's eyes),则大多出自中华姓氏之口。

在陈昌春看来,"一千个人眼中有一千个哈姆雷特"多半是一件披着舶来品外衣的山寨货。据他推测,导致这句伪英谚在国内广为流传的源头之一很可能是《语文五年级上册教师教学用书》(人民教育出版社2011年版)。为了讲解英国女作家尤安·艾肯的散文《走遍天下书为侣》,书的编者引用了"一千个读者就有一千个哈姆雷特",但这个句子本身没有出现在《走遍天下书为侣》中——"捆绑式推销"使这句名言既扬名海外,又遍布海内。

应该说,"山寨版英谚"的考证有一定的道理。首先,《莎士比亚全集》里搜不到这句话,权威的莎士比亚官网(https://www.shakespeare.org.uk/)也搜不到这句话。进而言之,在一些主流的英语引语网站,莎士比亚名下还是搜不到这句话。其次,恩格斯也未曾引用过这句话。恩格斯的《致斐迪南·拉萨尔》(《马克思恩格斯全集》第29卷)写于1859年5月18日,文章里不见这句话,恩格斯的其他著述里也未见这句话。

至此,关于"一千个哈姆雷特"出处的两个主要嫌疑对象被排除。比较有把握的推论是,这个英伦味甚浓的句子并非出自英语世界。

不过,若就此认定这句话"山寨",恐怕略显草率。事实上,"山寨版英谚"一文的考查范围大抵是2000年后的互联网。问题是"一千个哈姆雷特"出现在纸质出版物上的时间要比互联网时代久远得多,20世纪80年代中国大陆出版的两本文艺理论读物就白纸黑字记载了这句名言。

《和青年谈美·修订版》(地质出版社1987年6月版,李

燕杰主编)之《有一千个观众,就有一千个哈姆雷特——和青年朋友谈鉴赏之美》中写道:

> 当易卜生的社会戏剧《玩偶之家》问世之后,曾因娜拉是否应该出走引起了轩然大波。这种强烈的社会影响连作者也未曾预料到,所以当有人就这些问题询问易卜生的时候,他的回答是:"我只是在作诗。"西方美学家们说:"有一千个观众,就有一千个哈姆雷特。"可见文学艺术作品的社会影响有时远远超出作者的主观意图。(第109页)

《文学概论百题》(山西人民出版社1986年6月版,闵开德、黄书雄等编)之《什么是文学欣赏的差异性和一致性?怎样理解"一千个读者就有一千个哈姆雷特"?》中也有提及:

> 艺术形象既是现实生活反映的特殊形式,又是作家头脑加工的产物,因此,任何艺术形象都是主客观的统一体;而当艺术形象产生以后,它就是具体的客观存在,就有着确定的客观意义,其客观意义并不随着欣赏者的主观感受而转移。艺术形象作为一种欣赏的客观对象,

其基本方面是确定的、明确的,并大体规定着欣赏者感受和认知的方向、范围和性质。这样,尽管在欣赏中"一千个读者就有一千个哈姆雷特",但总还是哈姆雷特,而绝不是感受为堂吉诃德或别的什么人物。(第187页)

这两本书中出现的"一千个哈姆雷特",很可能为2000年后这句话在中文互联网上的蔓延提供了溶质。与此同时,两本书陈述这句话背景时的语焉不详或许也是"一千个哈姆雷特"在古今中外"乱认亲戚"的原因。

还有一种说法,"一千个哈姆雷特"在中国的传播与接受美学的引入有关。"接受美学"是欧美文艺思潮,1967年由德国康茨坦斯大学文艺学教授H·R·姚斯提出。他认为,一部作品即使付印,倘若读者尚未阅读,它就只是文本。由文本到作品的转变,仰赖审美主体的感知、规定和创造,即文艺作品功能与价值的实现取决于读者(观众)的接受。

就《和青年谈美·修订版》和《文学概论百题》相关章节的观点来说,的确与接受美学有相通之处。20世纪80年代,正是包括接受美学在内的西方文艺思潮大量引入中国的时代。一切都严丝合缝,对"一千个哈姆雷特"出处的探究似乎要被导向姚斯等人的作品。可是,一位学者的文章颠覆了这种理所当然的推断。他就是著名美学家朱光潜,他的文章《论美是客观与主观的统一》最初刊发于《哲学研究》1957年第四期,后来收入《朱光潜全集》(安徽教育出版社1989年1月版)第五卷。《论美是客观与主观的统一》的撰写与发表,在时间上要早于接受美学的产生。

朱光潜撰写《论美是客观与主观的统一》,其主旨是同蔡仪、李泽厚等人所持的唯物主义美学观进行辩论。朱光潜对自己原来所持主观唯心主义美学观进行反思,提出了"美是客观与主观相统一"的主张。在这篇文章的第三部分《我现在的美学观点的说明》中,有令人惊喜的发现:

> 审美趣味方面的差异在不同的历史发展阶段,不同生活方式与文化传统的民族,不同的阶级,不同文化修养的阶层都可以看得出。关于这一点,普列汉诺夫在他的《艺术与社会生活》里已举了许多生动的例证,作了精辟的分析,我们用不着在这里复述。就是同一时代,同一民族,并且同一阶级的人们对于同一文艺作品的看法也不可能完全一致。"有一千个读者,就有一千个哈姆雷特",这句话不是没有事实根据的。(《朱光潜全集》第五卷第90页)

这里的"一千个哈姆雷特",是凡 20 卷《朱光潜全集》里唯一一次出现,也是目前所掌握的中文文献资料里最早的呈现。但从朱光潜文章中的表述看,这句话是加了引号的。换言之,"一千个哈姆雷特"是朱光潜的引用,而非原创。

朱光潜究竟引用了谁?此人是中国人还是外国人?此言是落实于文字还是口头表达?单就这篇文章的上下文判断,很难得出结论。在对建国之初美学文艺学理论发展的研究中,也许能找到一些线索。

在 20 世纪 80 年代欧美文艺思潮大量引入之前,还有一轮西学东渐的浪潮,那就是在 50 年代乃至更早的延安时期对俄苏文论的译介。其中,别林斯基、车尔尼雪夫斯基、杜勃罗留波夫三位 19 世纪的俄罗斯文学批评家堪称标杆人物。在建国之初的中国文艺理论界,大有言必称"别、车、杜"之势。

在"别、车、杜"三人中,别林斯基又是开创性的人物。对于别林斯基,朱光潜的名著《西方美学史》(《朱光潜全集》第六、七卷)辟有专门章节予以介绍,称"别林斯基与车尔尼雪夫斯基替俄国现实主义文学奠定了美学基础"。

值得一提的是,1952 年,满涛译《别林斯基选集》第一、二卷由时代出版社出版。很巧,在《别林斯基选集》第一卷中有一篇《莎士比亚的剧本〈哈姆雷特〉:莫恰洛夫扮演的哈姆雷特角色》(原文译名为汉姆莱脱,以下简称《莎士比亚的剧本〈哈姆雷特〉》)。此文于1838年分三期连续发表于《莫斯科观察家》上。

在莎翁笔下最具争议人物哈姆雷特的研究中,《莎士比亚的剧本〈哈姆雷特〉》拥有极其重要甚至独一无二的地位。"哈姆雷特是戏剧诗人之王的灿烂王冠上面的一颗最光辉的金刚钻"即出自此文。别林斯基还在文中富有创见地提出:哈姆雷特的性格是分裂的,意志是软弱的,但这不是他的天性所造成的,而是"认识责任后的意志软弱"。别林斯基对哈姆雷特的定义和论述,给人以丰富的启迪:

哈姆雷特!……你懂得这个字眼的意义吗?——它伟大又深刻:这是人生,这是人,这是你,这是我,这是我们每一个人,或多或少,在那崇高或是可笑、但总是可悯又可悲的意义上……(上海译文出版社1979年5月版,《别林斯基选集》第一卷,第442页)

两个同样伟大的、天才的演员扮演莎士比亚的角色:在每一个人的演技里面,都可以看到哈姆雷特,莎士比亚笔下的哈姆雷特;可是同时,这将是两个不同的哈

姆雷特,就是说,每一个虽然都是同一概念的忠实表现,但将具有自己独特的面貌……(第514页)

若论启迪,最重要者恐怕是别林斯基将人们对哈姆雷特审美的差异性阐释到了极致:哈姆雷特是我们每一个人,而每一个人对哈姆雷特的演绎都具有自己独特的面貌。

诚然,别林斯基并没有在《莎士比亚的剧本〈哈姆雷特〉》明确说出"一千个哈姆雷特",但他的论述之于这句名言,犹如针对一道数学题排列了详尽完整的解题公式,一位稍具专业素养的人就能据此填写答案。而答案则呈现于朱光潜的《论美是客观与主观的统一》。

别林斯基眼中的"哈姆雷特",即便算不得"一千个哈姆雷特"的源头,至少可以算作孕育这句名言的水源地。

21 我们走得太远，忘记了纪伯伦是怎么出发的

2013年1月，两本同时出版的书，捧红了一个情怀指数爆表的句子：不要因为走得太远而忘记为什么出发。

这两本书都与已故央视著名制片人陈虻有关，分别是北京大学新闻与传播学院教授徐泓编著的《不要因为走得太远而忘记为什么出发——陈虻，我们听你讲》（中国人民大学出版社2013年1月版）和媒体人柴静的自传《看见》（广西师范大学出版社2013年1月版）。前者是陈虻的纪念文集，收有陈虻同事、好友对他的回忆以及他自己的经典言论、讲座精华和报道文章；后者是柴静央视十年历程的回忆录，收有作者对陈虻的怀念文章《陈虻不死》。两本书中都有陈虻经常说的句子"不要因为走得太远而忘记为什么出发"，而这个句

子旋即被眼尖的读者挑出,置于网络传播的洪流。

在《陈虻,我们听你讲》的前言部分,徐泓写道:"正如陈虻多次引用的卡里·纪伯伦那句名言:不要因为走得太远,以至于忘记自己为什么出发。"正因为这句"正如陈虻多次引用的卡里·纪伯伦……"的指引,关于此金句的版权遂成定论。不久后,网络上出现了貌似更权威也更详尽的说法:

> "不要因为走得太远而忘记为什么出发"出自卡里·纪伯伦的诗《先知》。原句英文句式是"We already walked too far, down to we had forgotten why embarked",译成中文是"我们已经走得太远,以至于忘记了为什么而出发"。

纪伯伦(1883—1931)是黎巴嫩诗人、画家,现代阿拉伯文学的重要奠基人。他出生于黎巴嫩北部贝什里一个马龙派天主教家庭,幼年未受正规教育。1895年,因不堪忍受奥斯曼帝国的残暴统治,纪伯伦的母亲带他移民美国。在美求学期间,纪伯伦显露出不凡的绘画天赋,不久他的兴趣转向文学。在创作初期,他用阿拉伯语写作,后来改用英语写作。

自1918年创作第一部英文作品《狂人》至1931年逝世,

纪伯伦共写了八部英语作品,除了诗剧《大地神》,其余均为散文诗,它们构成了纪伯伦文学遗产中的精华。纪伯伦特殊的宗教和语言背景,使得他可以克服本民族的文化偏见,以更超然的视角来看待全人类共同的精神财富,融汇贯通,兼收并蓄。出版于1923年的散文诗《先知》是一部为纪伯伦赢得国际声誉的杰作,这部"思考了一千年"的作品被称为"东方馈赠给西方的最美好礼物"。

在《先知》中,纪伯伦假托先知穆斯塔法之名,以俯瞰众生的姿态、充满神性的口吻,言说了宇宙、人类、社会和真理这些最根本的问题。同时,一些对仗的概念,如"灵魂—身体""欢乐—悲伤""离散—相聚""故乡—他乡"等也在这部作品中被探讨。"不要因为走得太远而忘记为什么出发"所蕴含的"远方—出发"关系,无论是逻辑还是语态都与《先知》所表达的意象严丝合缝。

"不要因为走得太远而忘记为什么出发"出现在《先知》里,代表着人间的善意期待。以至于一本近年出版的纪伯伦诗选,竟直接用这个金句作为书名(江苏凤凰文艺出版社2017年1月版,王志华译),书中辑录了包括《先知》《沙与沫》在内的纪伯伦最著名的几部散文诗。

以某位诗人最动人的诗句作为诗选的书名,此乃出版领域的常规操作,它犹如读者阅读作品时的舣标。不过,疑问也恰恰因此产生——"舣标"压根儿不存在。通读这本纪伯伦诗选中的《先知》,找不到"不要因为走得太远而忘记为什么出发",也找不到直译自英文原句的"我们已经走得太远,以至于忘记了为什么而出发"。搜索整本诗选,依然毫无收获。由于这本诗选没有序言,也没有题记、后记,因此没有任何辅助信息可以解释这个令人费解的现象:为什么纪伯伦诗选《不要因为走得太远而忘记为什么出发》中没有与书名相同的句子?

是否由于翻译的原因而导致这个句子的"丢失"? 此等假设尽管有违常识,但不妨穷尽各种可能。搜索《先知》其他几个重要译本:冰心译本,查无;伊宏译本,查无;钱满素译本,查无。于是,可以基本推断:"不要因为走得太远而忘记为什么出发"及类似句式不是出自《先知》。

这个句子会不会出自纪伯伦的其他作品? 对比较主流的五卷本《纪伯伦全集》(人民文学出版社2001年1月版)进行全文搜索,结果还是查无。

进一步扩大范围,在英文网络中,以这个金句所包含的关键词"太远""忘记""出发"等与"纪伯伦"进行组合搜索,有少量结果:或说出自《先知》,或说出自《沙与沫》。显然,英文网络的搜索结果与中文网络的"权威说法"形成了循环论证,带有浓厚的"贴牌代工产品返销国内"的痕迹。网文作者中式英语的语法习惯,佐证了上述判断。

由此,一个令人扫兴的结论是,纪伯伦并没有说过这句话。这大致可以算作语言传播中因起点偏差而导致的主语失真。那么,徐泓何以会说"正如陈虻多次引用的卡里·纪伯伦……"?

还是回到这个金句广为流传的出发点——2013年1月那两本同时出版的书。柴静的《看见》主要有两处提及这个金句:

> 十年前,当陈虻问我如果做新闻关心什么时,我说关心新闻中的人——这一句话,把我推到今天。……十年已至,如他所说,不要因为走得太远,忘了我们为什么出发。(前言)

> 我离开(央视)评论部时,白岩松在南院的传达室里放一个袋子,让人留给我,里面装着书,还有十几本杂志,都是艺术方面的。我理解他的意思,他希望什么都不要影响到生命的丰美。他的书出版,托人转我一本,里面写:"陈虻总说,不要因为走得太远,忘了我们为什

么出发。如果哀痛中,我们不再出发,那你的离去还有什么意义?"(第20章《陈虻不死》)

从柴静的表述看,无论是她自己的回忆还是摘录白岩松书中的赠言,都只提"陈虻说",而未提陈虻引用了谁。

徐泓编著的书中,则更多次地提及这个金句,除了徐泓在前言部分所写的"正如陈虻多次引用的卡里·纪伯伦……",还包括:

> 陈虻曾说:走得太远,别忘了当初为什么出发。(序言之二《纪念,是为了再次出发》,白岩松文)
>
> 陈虻说,现在我们有很多纪录片热衷于讲述一个悲欢离合的故事,如果仅仅是这样一个故事,而没有和大的文化背景、时代背景、民族命运相关联的话,其实是背离了纪录片的本源。因为故事片更好看,更能使人动情。现在我们需要解决的一个问题就是:因为走得太远,以至于忘了我们为什么要出发。(系列博文之三《纪录片,在中央电视台是需要一级保护的产品》)
>
> 陈虻:因为我们走得太远,以至于忘了我们为什么要出发。当我们认真地去研究怎样去拍纪录片的时候,

或许我们已经开始淡忘了我们为什么要拍纪录片。(附录《对话吕新雨:我们不缺记录的手段,但缺乏记录的理念》)

凡此种种,人们唯一能确认的是,将陈虻常常挂在嘴边的这句话与纪伯伦联系在一起的是徐泓在前言中不经意间带过的那句。至于将此金句与纪伯伦捆绑,是徐泓事后考证,还是陈虻亲口所言,无法确认。比对不同当事人的表述,前一种可能也许大一些。

退而言之,即便陈虻自己说"引用了纪伯伦",依然存在着两种可能:陈虻记忆有误;陈虻在阅读纪伯伦诗文时进行了归纳总结,提炼出这个主题。

事实上,纪伯伦诗歌里有不少近似意象的表达。仅以《先知》(钱满素译本)第一章《船的归来》为例,纪伯伦写道:

> 被选与被爱的穆斯塔法,他时代的曙光。十二年了,他在阿法利斯城中等待他的船只归来,好将他送回出生的岛上。
>
> ……
>
> 如今他行至山脚,又一次面向大海,只见他的船只

冉冉驶入港湾,船首的海员们,正是他的故乡人。

……

多少次你们在我梦中扬帆。如今你们在我觉醒时驶来,但觉醒只是我更深的梦境。我已整装待发,我的热望正和满帆一起等候风起。

出生的岛、入港的船与等候风起的帆,是哪一种意象触动了理想主义者陈虻?

22　到地狱去的路是由好意铺成的

有一句话被误认为是奥地利裔经济学家哈耶克说的:"总是使一个国家变成人间地狱的东西,恰恰是人们试图将其变成天堂。"

其实,这句话不是哈耶克的原创,只是哈耶克的引用。他的代表作《通往奴役之路》(中国社会科学出版社1997年8月版,王明毅等译)第二章《伟大的乌托邦》的题记就是这句话,书中还标明了这句话的版权所有人:荷尔德林。

弗里德里希·荷尔德林是十八世纪末、十九世纪初的德国诗人,古典浪漫派的先驱,毕业于图宾根大学神学院,与黑格尔、谢林是同学兼舍友。不同于两位从事哲学研究并声名大噪的舍友,荷尔德林在整个十九世纪影响甚微,是一个孤独的被世界遗忘的心灵漫游者。除了那个同样陷入疯狂的尼采,少有人关注荷尔德林以及他的诗歌。直到二十世纪初尤其是三十年代海德格尔《荷尔德林诗的阐释》出版,荷尔德林才被"打捞"出来,大量重要的遗稿陆续被挖掘、整理、出版。

"地狱与天堂之说"出自荷尔德林的哪部作品?中文网络有一则提示称此为《塔楼之诗》里的哲理诗句。

《塔楼之诗》(同济大学出版社 2004 年 5 月版,先刚译)即属于时隔多年后被"打捞"的作品。不过,"塔楼之诗"并非这部诗集的原名,而是转译为中文时的产物。在德文世界里,它更为人熟知的名字叫"斯卡达内利诗集"。

1806 年,在得知情人苏赛特·龚塔尔特(迪奥提玛)病逝后,荷尔德林陷入崩溃,生活不能自理。他从洪堡回到故乡施瓦本,在图宾根大学诊所接受治疗。但医疗手段无法改善他的精神状况。1807 年,一位叫齐默尔的善良而又有教养的木匠收留了他。从此,他在内卡河畔木匠家的塔楼里度过了 36 年余生。在此期间,荷尔德林写下了 35 首"塔楼之诗"。而这 35 首诗中,1841 年之后的作品落款署名为"斯卡达内利"。因此,《塔楼之诗》在德文世界被称作"斯卡达内利诗集"。

循着中文网络的提示,通读《塔楼之诗》,问题出现了,书中并没有"地狱与天堂之说"。搜索德文原版,结果同样是无。显然,中文网络的提示有误。

就意境论,这个句子与《塔楼之诗》那种"半催眠状态下的非现实感"调性不符。更重要的是,从句式看,它也不像是诗歌的体例。合理推断,这个句子可能出自荷尔德林的其他作品,尤其是非诗歌作品。

荷尔德林的作品,有不少已译成中文,但绝大多数是诗歌。非诗歌作品也有,但不是特别多,包括《荷尔德林书信选》(中华工商联合出版社 2018 年 8 月版,张红艳译)、《荷尔德林传》(江苏人民出版社 2009 年 7 月版,黑尔特林著,陈敏译)和《荷尔德林文集》(商务印书馆 1999 年 5 月版,戴晖译)等。

以收录荷尔德林非诗歌类作品较全的《荷尔德林文集》为重点进行搜索,很快找到答案——这个句子出现在《许佩里翁,或希腊的隐士》(以下简称《许佩里翁》)的第一部第一卷。

《许佩里翁》是荷尔德林精神尚未失常时创作的一部书信体小说,1794 年动笔,1797 年初出版了作品的第一部。小说以十八世纪奥斯曼帝国统治下的希腊为背景,记录了青年许佩里翁的成长经历。作品中所有的人与事,都由许佩里翁与德国朋友北腊民相互之间的通信来讲述。所涉人物,亚当斯代表了许佩里翁的前辈,阿邦达代表了同龄人,而女友笛奥玛则代表了美之天使。

"地狱与天堂之说"就是出自许佩里翁与同龄人阿邦达关于国家问题的对话中。因为译者不同,《许佩里翁》中对这句话的表述与《通往奴役之路》稍有不同。许佩里翁如是说:

> 国家不可以要它不能强求的东西,而爱与精神所赋予的,恰是不能强求的。或者国家不去触犯这些,或者人们把它的法律拿下来,钉在耻辱柱上!苍天作证!要把国家变成道德学校的人,他不知道,他作了什么孽。人想把国家变成天堂时,总是把它变成了地狱。(《荷尔德林文集》第29页)

《许佩里翁》虽是小说,但荷尔德林的笔调却是抒情的、个性化的。未曾想,这种感性的表达,却高度契合哈耶克所秉承的古典自由主义经济观。在《通往奴役之路》中,哈耶克论证道:制度只能是人自发行动的后果,而不是人为设计。满怀善意的福利国家制度不是导向个人自由,相反,倒是朝着专制的方向迈出了一步。

冷峻、理性、悖论式的哈耶克,与诗意的荷尔德林各自走完了半个圆,在"伟大乌托邦"的标题下完成了对接。

对乌托邦的警惕,带有鲜明的不列颠经验主义色彩。荷尔德林所云"人想把国家变成天堂时,总是把它变成了地狱",堪称对这种思维模式的经典概括。那么,在他之前是否也有人表达过相近的意思?

应该有。因为"良好的愿望换来糟糕的结果"几乎是英伦观念史的母题。稍早于荷尔德林时代,就有人说过类似的话,而且更具有格言的味道。言说者是十八世纪英国文坛的"大独裁者"塞缪尔·约翰逊。约翰逊的版本是:到地狱去的道路是由好意铺成的(Hell is paved with good intentions)。

但这句话并不见于约翰逊的任何著作,而是出自约翰逊的忘年好友詹姆斯·包斯威尔(James Boswell)撰写的《约翰逊传》(中国社会科学出版社2004年1月版,罗珞珈、莫洛夫译)。

包斯威尔比约翰逊小31岁,被誉为"传记之父",而奠定他历史地位的作品就是这部于1791年出版的《约翰逊传》。《约翰逊传》是包斯威尔与约翰逊21年友谊的见证,书中详尽记录了两人每一次会面的经过与言谈,可谓事无巨细。而这些记录中充斥着专属于约翰逊的妙语佳句,既有雷霆万钧的惊堂语,也有尖酸狡黠的刻薄话。

约翰逊的名言就出自《约翰逊传》之《存心改过,仍然难免堕入地狱》一章。在这一章中,包斯威尔记述了约翰逊对宗教礼仪的恪守和基于信仰的自省:

> 不管怎么说,没有任何圣者,在他的宗教领域中,对于因为疏于礼拜而造成的不愉快,像约翰逊一样敏感与伤心。有一天,他对一位友人说:"先生,到地狱去的道路是由好意铺成的。"(第250页)

说句题外话,约翰逊另一个更有名的金句"爱国主义是恶棍最后的避难所",也是出自这本《约翰逊传》(第248页),也是包斯威尔对传主平素言谈的记载。

有必要指出,包斯威尔的《约翰逊传》甫一面世便风靡欧洲,大受追捧,1795年就出了第三版。《约翰逊传》的洛阳纸贵与荷尔德林创作《许佩里翁》,在时间上是重合的。或许,可以大胆猜测,荷尔德林的"人想把国家变成天堂时,总是把它变成了地狱",是受了约翰逊"到地狱去的道路是由好意铺成的"这句话的影响。

格言，原本就是人类智慧的传承，而由好文采的人道破。正是在这个意义上，我们甚至可以追溯到"地狱与天堂之说"更深的源头，他不但早于荷尔德林，也早于约翰逊。十七世纪初，英国著名诗人和牧师乔治·赫伯特曾编辑过一本叫《警世箴言》的格言集，收录了法国天主教士圣·伯纳德（Saint Bernard，生于1090年，卒于1153年）的一句格言：地狱中充满了美好的意愿（Hell is full of good meanings and wishes）。这句话闪烁着的"幽暗的智慧"，想必启迪了许多的后来者。

23 第四次世界大战会怎么打?

1946年7月1日出版的《时代周刊》,封面人物是阿尔伯特·爱因斯坦。画面上,爱因斯坦的头像居中,背后是升腾而起的蘑菇云,压在蘑菇云上的是著名的 $E=mc^2$,封面标题:世界毁灭者。在当期杂志正文首页上写着一段话:

> 看到出现在我们眼前的充满爆炸和火焰的恐怖景象,那些喜欢研究历史事件因果关系的人就会隐约看到一个胆小的、孩子般无辜的男人的轮廓,这个男人有着温和的棕色眼睛、憔悴厌倦的表情和一头被大风吹得乱蓬蓬的头发。

历史因果关系告诉人们,在《时代周刊》刊发上述报道前11个月,人类首次也是迄今唯一一次核武器的使用,终结了史上规模最大的热兵器战争,也就是第二次世界大战。肇始这一切的是1907年瑞士伯尔尼专利局技术员爱因斯坦提出的"质能守恒定律"。这个定律投射于社会科学领域,彻底颠覆了人类文明进程的一般节奏和固有平衡。

科技进步所展现出的骇人威力,让人类深感恐惧。站在原子时代多米诺骨牌起点的爱因斯坦,对此百感交集。虽然他没有直接参与"曼哈顿计划",与广岛、长崎两枚原子弹的关联仅限于1939年致信美国总统富兰克林·罗斯福,建议"美国抓紧原子能研究、防止纳粹德国抢先掌握原子弹"。但他明白,动用核武器所进行的全球性战争,会让胜负失去意义。因为在这样的战争中,人类任何一方都不可能实现自保以维系历史的线性发展——人类会因此回到史前时代。

爱因斯坦曾用更为生动的话语表达过上述思想:"我不知道第三次世界大战怎么打,但我知道第四次世界大战用的是棍子和石头(I do not know with what weapons World War Ⅲ will be fought, but World War Ⅳ will be fought with sticks and stones)。"

科技先知爱因斯坦,对人类造物产生了自责甚至一丝自嘲。爱因斯坦所言，可以视作一句谶语，贴在人类迈入核时代的门槛上。这句话流传至今，始终提醒人类，要对自身能度以及由此引发的破坏性、灾难性后果有所预估。

鉴于这句话的巨大影响力，其真实性从来就没受到过怀疑。事实上，这句话也的确是爱因斯坦所说。无论是相关文献资料，还是众多引语网站，都认定爱因斯坦享有这句话的专利。

稍有疑惑的是爱因斯坦说这句话时的具体背景与场合——他在何时何地对何人说了这句话，历来众说纷纭、莫衷一是。

相对而言，比较主流的说法有两种。

说法一：出自爱因斯坦与阿尔弗雷德·沃纳的访谈。1949年初，爱因斯坦接受《自由派犹太教》杂志（Liberal Judaism）记者阿尔弗雷德·沃纳的专访，抛出了这句名言。访谈文字稿刊登于《自由派犹太教》杂志1949年第16期（4—5月合刊）。

说法二：出自爱因斯坦写给美国总统哈里·杜鲁门的信。1948年，爱因斯坦曾以"原子科学家紧急委员会"主席的身份致信杜鲁门。信中，爱因斯坦对美苏两个超级大国日趋公开化的对抗和不断升级的军备竞赛表达了担忧，就此他写下了这句名言。不过,爱因斯坦致信杜鲁门并进行劝诫的说法,未经证实。爱因斯坦把罗斯福视作一位可以信赖的朋友,可以开诚布公、推心置腹,而罗斯福的继任者杜鲁门则完全是另一回事。

梳理国内出版的众多爱因斯坦传记作品,《时代周刊》前主编沃尔特·艾萨克森所著《爱因斯坦传》(湖南科技出版社2012年1月版,张卜天译)尤其值得关注。这是一本爱因斯坦的生活传记,也是传主所有文稿解密之后问世的首部传记作品,内容详尽,资料丰富。更为重要的是,在这本堪称权威的传记中,对爱因斯坦这句名言的出处有了明确的交代。在第22章《世界公民,1945—1949》中,作者写道:

> 20世纪40年代末,当他越来越清楚地看到国际化和控制核武器的努力行将失败时,有人问他下一次世界大战会是什么样子。他回答道:"我不知道第三次世界大战会用什么武器,但我知道第四次世界大战肯定是用石头!"(第436页)

在书的同一页,有关于这段话的注释:出自爱因斯坦与《自由派犹太教》杂志记者阿尔弗雷德·沃纳的访谈。

就具体措辞论,《爱因斯坦传》中的表述,与时下人们熟悉的版本类似,微妙却不容忽视的区别在于"第四次世界大战中人们所使用的武器"——前者只有"石头",与后者相比少了一根"棍子"。而正是这根少了的"棍子",牵扯出关于这句名言的"多余的问号"。

既然艾萨克森版《爱因斯坦传》中这句名言的表述与人们熟悉的版本不尽一致,那么爱因斯坦会不会在其他场合说过这句名言的亲缘版本?更大胆的猜测是,会不会有人在爱因斯坦之前就说过类似的话,并成为这句名言的母本?

关于上述疑问,"引语调查者"网站(Quote Investigator)提供了关键线索。该网站指出,其实,早在1948年之前,就已经有与爱因斯坦名言十分相近的句子存在,它们出现在不同的文章里,说这句话的人是一位不知名的美军尉官。在所有文章中,可考的最早版本出现在1946年9月23日的《威斯康星州报》上。该报当天刊发了一篇沃尔特·温切尔撰写的专栏文章:《危言耸听的提问和温切尔的回答》。

这篇文章的写作背景是美国将比基尼岛列为核试验基地,由此给当地造成了深重的生态灾难和人道危机。此前两个月,即1946年7月25日,美军在比基尼岛附近的太平洋海域试爆了一枚绰号为"比基尼·海伦"的原子弹,这是人类历史上第一次水下核爆炸。这枚有着性感名字的原子弹,有着让人类理性瞬间黑屏的威力,爆炸当量极度惊人,炸沉了11艘巨型军舰,炸伤了6艘。蘑菇云所营造的强烈视觉冲击力,令比基尼核试验基地的每一位见证者都目瞪口呆、失魂落魄。

在《危言耸听的提问和温切尔的回答》中,温切尔记述了当时的一段对话,具有浓厚的电影对白韵味:

> (核爆之后)过了许久,一位前往采访的记者向身边的一位美军尉官提问:"如果爆发下一次世界大战,人们会使用什么武器?""我不知道,不知道……"尉官回答,"但是我敢肯定,下下一次战争,人们会使用长矛。"

长矛,是棍子和石头的前世版本,它们一起构成了人类在第四次世界大战中的兵器谱。也许,爱因斯坦阅读或者听旁人转述过这句话。于是,人类原子时代的缔造者将之转化为对原子武器最著名的警告。其间矛盾,不难体悟。

客观地说,爱因斯坦的确算得上"世界毁灭者"。如若没有他的"质能守恒定律",没有那个"芝麻开门"的神奇公式 $E = mc^2$,人类就没有打开核武器"潘多拉魔盒"的钥匙。诚然,爱因斯坦提出"质能守恒定律"的初衷是用科技造福人类,他致信罗斯福进行原子能研究是出于对"纳粹德国若抢先造出原子弹,人类就将面临覆灭"的担忧。但作为一名纯粹的科学家,他没能预见到人性的不可预见。而人性的不可预见所排演的戏码是,一旦原子弹诞生,就意味着上帝造出了一块他自己都搬不动的石头。让人类面临覆灭的,可能是希特勒,也可能是其他人。比起原子弹,人类才是一个更为糟糕的发明。

24 维也纳中央咖啡馆:
生活在此处

我不在咖啡馆,就在去咖啡馆的路上。更完整的句式是:我不在家里,就在咖啡馆。不在咖啡馆,就在去咖啡馆的路上。

中文网络居主流地位的说法是,这句话的版权属于法国文豪巴尔扎克。

巴尔扎克的确嗜咖啡如命,尤其当他处于写作状态时。在国内颇有影响力的茨威格版《巴尔扎克传》(上海译文出版社1990年7月版,吴小如、程毓徵译)第八章《黑咖啡》中,作者以"鸦片""毒药""杀人的精灵"来形容传主对这黑色液体的依赖:

咖啡就是再开动机器使用的黑油,巴尔扎克看它比吃饭睡觉都重。他恨烟草,烟草不能刺激他达到工作所需的强度。对于咖啡,他却大唱赞歌:"咖啡滑下去到了胃里,它就把一切推入运转。思潮犹如大军中各路纵队勇往直前。回忆汹涌而来,大旗高擎,将队伍带进战场。轻骑兵奔驰在前,思维的逻辑如炮兵拖着辎重和炮弹隆隆而来,昭晰的观念作为狙击手加入决斗。角色们各着衣冠,稿纸上铺满墨迹。战争在黑色液体的流注中开始,然后完结,就像真实的战场包围在火药的黑烟中。"

没有咖啡他就不能工作,至少不能按照这种方式来工作。纸笔之外,他所到之处都要带上"咖啡机器"这件不可缺少的装备,其重要不减于他的桌子和白色袍子。他很少让旁人准备咖啡,因为旁人不会把这兴奋剂的毒药做得如此浓黑有劲。咖啡就是他的鸦片。因为同一切毒品一样,咖啡也得愈喝愈浓,如果要它保持效力,他就不得不愈来愈增多地吞食这杀人的精灵,才能跟得上神经上日益增加的负担。如果说他那五万杯咖啡(这数字是某一位统计家估计他所饮下的杯数)加速了《人间喜剧》庞大体系的写作,它们也要对心脏过早的衰弱负责,那心脏本来强得像一口大钟。拿克加尔大夫,他的终身的朋友与医生,在他的真正死因问题上提出:"是多年心脏病发作,由于长夜工作和服用——毋宁说是滥用——咖啡而日益严重,他为了与人的正常睡眠需要来斗争,不得不求助于咖啡。"(第151—152页)

创作中的巴尔扎克,咖啡是开动机器的黑油、激发灵感的火石、堪比纸笔的装备,当然滥用咖啡也是致其死亡的原因。茨威格文中引用统计家的"为写《人间喜剧》饮下五万杯咖啡"之说,在汉语世界流传甚广,这也为巴尔扎克"我不在咖啡馆,就在去咖啡馆的路上"提供了坚实的数据支撑和叙述背景,中文网络里凡称此言属于巴尔扎克者,都少不了拿"五万杯咖啡"来背书。

在茨威格笔下,巴尔扎克是一个将咖啡研磨入生命的角色。可令人费解的是,通读茨威格版《巴尔扎克传》,却找不到这句"巴尔扎克名言"。

搜索另一本比较权威的传记——安德烈·莫洛亚版的《巴尔扎克传》(人民文学出版社1993年4月版,艾珉、俞芷倩译),同样描绘了一位浸泡在咖啡里的巴尔扎克,但同样找不到这句"巴尔扎克名言"。值得注意的是,在莫洛亚版《巴尔扎克传》第七章《工作》中,作者以巴尔扎克恩主贝尔尼夫

人的视角和口吻写了一段话:

> 巴尔扎克不仅仅是支"笔杆",还是一支非常出色的"笔杆"。几乎每天,他不是去伏尔泰咖啡馆,便是去法兰西剧院附近的密涅瓦咖啡馆与他的伙伴们相聚。(第118页)

应该说,"他不是去伏尔泰咖啡馆,便是去密涅瓦咖啡馆"与"我不在咖啡馆,就在去咖啡馆的路上",句式是接近的,而且都与咖啡馆有关。不过仔细推敲这两个句子,还是有明显区别,后一个句子的逻辑结构要比前一个句子繁复。更重要的是,两个句子表述时的主语不同,前一句主语是第三人称的"他",后一句因为是"巴尔扎克名言",所以主语是第一人称的"我",也就是"巴尔扎克"。

那巴尔扎克究竟说没说过这句话?

搜索外文网络,画风与中文网络不一样。查阅一些主要的外文引语网站,如"引语调查者"(Quote Investigator)、"智慧引语"(Brainy Quote)等,巴尔扎克名下均无这句"巴尔扎克名言"。扩大范围,在包括法文网站的外文网络中搜索,结果同样是无。就此,我们所能得出的结论是,这句"巴尔扎克名言"是一个专属于中文网络的传播现象。相反,在外文网络中,"我不在咖啡馆,就在去咖啡馆的路上"与另一个人联系在一起,他叫彼得·阿尔滕贝格。

阿尔滕贝格是十九世纪末、二十世纪初的奥地利犹太裔作家,维也纳人,原名理查德·英格兰德。1896年,在他37岁时开始使用"彼得·阿尔滕贝格"的笔名。在《昨日的世界:一个欧洲人的回忆》(生活·读书·新知三联书店1991年3月版,茨威格著,舒昌善等译,以下简称《昨日的世界》)里,茨威格如此评价自己的犹太同胞:"霍夫曼斯塔尔、阿图尔·施尼茨勒、贝尔-霍夫曼、彼得·阿尔滕贝格等人使维也纳文学达到欧洲的水平,这是格里尔帕策和施蒂弗特所代表的维也纳文学从未达到过的。"(第26页)

毫无疑问,阿尔滕贝格是一位才华横溢的作家。令人惊讶的是,由于波西米亚式的生活方式,阿尔滕贝格的写作收入竟无法维系他的日常所需。于是,维也纳中央咖啡馆便成了他重要的生活舞台。

1876年开业的维也纳中央咖啡馆,可谓大名鼎鼎。在20世纪初,它是奥地利乃至全欧洲文人墨客们的精神家园,也是政客商贾们的流连之所。时间倒推一个多世纪,你可以在此发现茨威格、弗洛伊德、阿尔弗雷德·波尔加的身影,也能找到埋头赶稿的托洛茨基、凝神沉思的铁托和百无聊赖的希特勒。茨威格称这家咖啡馆是"民主俱乐部",每个人都可以在此享用一杯便宜的咖啡和免费的报纸杂志,坐上几个小时,写作、辩论、玩纸牌、接收信件等。这些人中,与中央咖啡馆联系最紧密者,自然是才华横溢又生活窘迫的阿尔滕贝格。

阿尔滕贝格与中央咖啡馆的联系紧密到什么程度呢?他除了睡觉,其余时间均在此处消磨。他的通信地址是此处,留言传呼是此处,待人接客是此处,不消说,奋笔疾书还是在此处,而他的成名作《地方新闻》亦是在此处拟就。总之,阿尔滕贝格生活在此处。所以有人戏言:他不在家里,就在咖啡馆;不在咖啡馆,就在去咖啡馆的路上。

请注意,这句话的主语是第三人称的"他",而非第一人称的"我"。换言之,这种表述明确了一个事实:这句话不是阿尔滕贝格说的,而是别人对阿尔滕贝格生活状态的描述——他与中央咖啡馆"不离不弃"。

这个事实,在外文网络,尤其是德文网络中已成定论。有趣的是,当这个事实转换为汉语表达时却成了阿尔滕贝格的自我描述:我不在家里,就在咖啡馆;不在咖啡馆,就在去咖啡馆的路上。

"阿尔滕贝格说过"在中文网络也有相当的影响力,是仅次于"巴尔扎克名言"的存在。此等讹谬因何产生?恐怕与两本关于咖啡文化的书有关。

第一本叫《与毕加索喝咖啡》(上海文艺出版社1999年1月版,吴梅东编)。此书附录部分收录了一篇吕鸿宾写的《一位咖啡迷的咖啡手记》。此文开头引用了"一位维也纳艺术家的自述":我不在家里,就在咖啡馆。不在咖啡馆,就在去咖啡馆的路上。《与毕加索喝咖啡》里的这篇文章,虽未点出"维也纳艺术家"是谁,却完成了主语人称的切换,由"他"变成了"我"。

第二本叫《打开咖啡馆的门》(东方出版中心1999年4月版,张耀著)。此书扉二页,也引用了"一位维也纳艺术家的自述":我不在家里,就在咖啡馆。不在咖啡馆,就在去咖啡馆的路上。《打开咖啡馆的门》也没有点出这位"维也纳艺术家"是谁,却在正文第六章《"咖啡中心"——一个世界的支点》中,浓墨重彩地叙述了阿登伯格(阿尔滕贝格)与咖啡中心(中央咖啡馆)的不解之缘,甚至还摘录了阿尔滕贝格所写的《咖啡馆之歌》:

你如果心情忧郁,不管是为了什么,就去咖啡馆!

深恋的情人失约,你孤独一人,形影相吊,去咖啡馆!

你跋涉太多,靴子破了,去咖啡馆!

……

看了扉页上的句子,又读了正文第六章的描述,将阿尔滕贝格认作"维也纳艺术家"是合乎逻辑的联想。很遗憾,联想难成事实。无论阿尔滕贝格与中央咖啡馆是多么不可分割,这句关于咖啡馆的名言终究无法挂在他的名下。这是别人对阿尔滕贝格的评价。至于"别人"是谁,现有文献资料没有给出答案。言说者或许真是"一位维也纳艺术家",或许只是中央咖啡馆里一位普通的侍者。能解开这个谜的,只有阿尔滕贝格自己。如今,"他"(阿尔滕贝格雕塑)依然坐在中央咖啡馆进门的第一张桌子旁,笑迎世界各地的文艺小资前来打卡。

25 灰色的回忆不能抗衡现在的生动

"历史给人唯一的教训,就是人们从未在历史中吸取过任何教训。"这个充满了逻辑魅力和戏剧色彩的句子,在中文世界里被杜牧的《阿房宫赋》完美诠释着:"秦人不暇自哀,而后人哀之;后人哀之而不鉴之,亦使后人而复哀后人也。"

在中国的政治话语系统里,"以史为鉴"是首要的政治正确。但如果我们检视这句话最初的形态,或许要说,以杜牧《阿房宫赋》的史观来诠释这句话,并不正确。相反,这个句子的原创者想要表达的观点,恰恰与"以史为鉴"背道而驰。他说这句话的初衷,并没有劝人吸取历史教训的意思,也丝毫没有这句话"静态展示"状态下所传递的那种无奈感。

最早说这句话的人是黑格尔,源自《历史哲学》的绪论部分。

黑格尔为《历史哲学》所写的这篇绪论,可谓金句迭出,"仆人眼中无英雄,但那不是因为英雄不是英雄,而是因为仆从就是仆从"即出自绪论之"哲学的历史"。就在"哲学的历史"前一节,即"反省的历史"里,有我们想要找的这句话。查看书中原句及其上下文(以上海书店出版社2006年3月版王造时译本为例),黑格尔究竟想要表达什么不难洞悉:

> 人们常从历史中希望求得道德的教训,因为历史家治史常常要给人以道德的教训。不消说,贤良方正的实例足以提高人类的心灵,又可以做儿童的道德教材,来灌输善良的品质。但是各民族和国家的命运,它们的利益、情况和纠纷复杂,却又当别论了。人们惯以历史上的教训,特别介绍给各君主、各政治家、各民族国家。但是经验和历史所昭示我们的,却是各民族和各政府没有从历史方面学到什么,也没有依据历史上演绎出来的法则行事。每个时代都有它特殊的环境,都具有一种个别的情况,使它的举动行事,不得不全由自己来考虑、自己来决定。当重大事变纷乘交迫的时候,一般的笼统的法则,毫无裨益。回忆过去的同样情形,也是徒劳无功。

一个灰色的回忆不能抗衡"现在"的生动和自由。

古人不见今时月,古月凭何照今人?显然,黑格尔不赞成"现在之人行事要问道历史",认为这徒劳无功、毫无裨益,因为由历史演绎出的法则是笼统的、灰色的、普遍的,而现在的人所面对的变局是具体的、生动的、特殊的。所以,经世济民的君主或政治家,想从历史经验中提取解决现实问题的药房,无异于刻舟求剑。这就是所谓"以史为鉴"不成立的理由。

基于此,黑格尔最初所使用的句式与此后广为流传的句式,修辞上的微妙差异便显现出来。同样是历史所给予人们的,黑格尔说的是"经验",流行版本是"教训"。一词之差,不仅关乎遣词造句,更涉及现实中人对待历史的姿态。

值得一提的是,这句名言出现在《历史哲学》绪论之"反省的历史"一节。而"反省的历史"与当事人、亲历者所著述(讲述)的"原始的历史"相区别,是指研究过去的事。黑格尔认为,对于那个"遥远的世界",人们思接千载的精神活动,天然便具有了"现在"的属性。至于对历史的反省是否真有生气和兴趣,取决于著史者自己的精神。因此,对历史的反省是实验性的。如果觉得黑格尔的表述过于绕口,我们不妨做一种简单化的理解:他想表达的意思,非常接近于克罗齐所说的"一切真历史都是当代史"。

凭当下的旨趣解读"遥远的世界",既有可能是高度抽象的,也有可能是极度随意的,更有可能是将客观史实作道德化处理。以此来审视《阿房宫赋》,杜牧用阿房宫的建与毁来总结秦代的兴与亡,道德力量着实充沛,但真说到点子上了吗?未必。退而言之,即便杜牧对秦亡的总结一语中的,此等历史教训能否观照"利益、情况和纠纷"截然不同的唐代?恐怕还得打一个大大的问号。

中国的历史学家在总结历史规律时,一般倾向于"天不变,道亦不变"——一种价值判断重于技术分析的思维模式。然而,历史就像黑格尔所言,"每个时代都有它特殊的环境,都具有一种个别的情况"。秦朝的"道"应付不了唐代的国情,唐代的"道"也无法解决宋代的变局,而在政事纷乘交迫的明代想要求"道"于宋更是所托非人。

"理论是灰色的,而生命之树常青",歌德的名言,在黑格尔对历史的反省中可以找到强有力的呼应。人们不吸取历史教训,并不说明他们是冥顽不化的儿童,而是因为他们有具体的、生动的、特殊的现实环境,而现实的就是合乎理性的。理性,是黑格尔历史观的核心概念,它才是躲在时间之帷后面的终极操盘手。

理性操盘的历史,"以史为鉴"或反之,都是理性的体现。无论是否吸取历史教训,黑格尔站在理性的立场,都不会表露出"哀其不幸,怒其不争"的态度,他是无动于衷的。

那么,黑格尔在《历史哲学》中的理性表达,在转换为当代流行的句式时,何以会呈现出那种高度戏剧化的无奈感?原来是拜剧作家萧伯纳所赐。

这是一个有趣的现象,在中文网络里,源自黑格尔的名言偶尔会被挂在萧伯纳的名下。萧伯纳的确重复过黑格尔的名言,只不过萧伯纳的话被断章取义了。"智慧引语"(Brainy Quote)网站完整收录了萧伯纳的话:

> 黑格尔说"历史给我们的教训是人们从未在历史中吸取过任何教训",他说得对。(Hegel was right when he said that we learn from history that man can never learn anything from history.)

不难发现,萧伯纳所言,在此后的传播中被隐去了"转述黑格尔"这个重要的情节,黑格尔名言遂成"萧伯纳名言"。更重要的是,萧伯纳在转述黑格尔名言时,隐去了原句的前言后语。当隐去叙事背景的黑格尔名言被孤零零地展示时，读者难免会望文生义地认为：黑格尔在哀叹人类不从历史中吸取教训。

也许，这是语言在传播中所必然遭遇的状况，而萧伯纳语言特有的诙谐和幽默，加持了这个句子的情绪力度。当人类对宿命、对不可抗拒的力量产生无力感，玩世不恭便油然而生。萧伯纳的语言证明了这个定律。他的名言集里，除了这个转述黑格尔的句子，还有一句类似的："如果历史重演，并且意外总是发生，那么人类从经验中习得的是多么无能为力。"(If history repeats itself, and the unexpected always happens, how incapable must Man be of learning from experience.)这个句子与转述黑格尔的句子，一样油腔滑调，一样满是犬儒的味道。它的另一重价值，是解释了人类何以会思考吸取历史教训的问题——因为历史总是在重演，也就是杜牧所表达的：后人哀之而不鉴之，亦使后人而复哀后人也。

事实上，经过萧伯纳的转述后，黑格尔名言所表达的意思、所发挥的功效，就被锚定为用来解释"历史（悲剧）何以会重演"。二战何以会重演一战的悲剧？因为人们没有从一战的历史中吸取教训；国足为何重蹈覆辙？因为他们没有从上一次黑色三分钟里吸取教训……

但果真如此吗？最早说这句话的黑格尔肯定不认可。哪怕人被同一块石头绊倒十次，每一次倒下都不是机械的重复。相反，有时候历史一再重演，恰恰是因为人类过于自觉地从历史中吸取教训。俄狄浦斯王的悲剧，即是一例。

理性地看待历史，如果吸取历史教训是人们规避历史错误的唯一路径，那么历史必然堕入预定论的窠臼。但人类的发展又怎会如此刻板？每一种现实都是生动的，与之相比，历史的教训无论多么深刻，都是灰色的。这是黑格尔真正想表达的。他说得没错。

26 历史的"存在即被感知"

"一切真历史都是当代史"长久以来被如此真诚地误读和滥用,以至于它的真实出处反而显得无关紧要。

事实上,仔细阅读克罗齐的《历史学的理论和实际》(商务印书馆 1982 年版,傅任敢译),精准考察这个经典短句在书中的定位,便不难明白著名的"克罗齐命题"何以在观念传播史中沦为庸俗的经验悬谈。

由于读过克罗齐原著的人太少、引用克罗齐名言的人太多,所以人们会下意识地以为这个短句在原著中被多次表述并广泛散布。然而,通读《历史学的理论和实际》,你会发现"一切真历史都是当代史"在书中仅出现过一次,那是正文第一编《史学理论》之第一章第一节的第三自然段(篇章标题以

傅任敢中译本为准,下同)。原文的完整句式如下:

> 我之所以想起这类历史表现形式,目的是想消除"一切真历史都是当代史"这一命题中的看来似乎矛盾的局面。

作者想起了哪些历史表现形式?想消除什么看来似乎矛盾的局面?如果不联系上下文,这真是一个让人费解的句子。唯有"一切真历史都是当代史",孤零零地杵在这串语境含混的文字中。此类特定的话语呈现,为人们的断章取义打开了方便之门。

浓厚的断语属性,使得"一切真历史都是当代史"极易从一个历史哲学命题转化为一个大众传播现象。人们对"克罗齐命题"的曲解,由对它的简化开始,即从"一切真历史都是当代史"到"一切历史都是当代史",再从"一切历史都是当代史"到"历史都是当代"。删除了原句中的冗余修辞,最终"历史—当代"的对偶模式,成为人们思考"克罗齐命题"的便捷入口。

于是,关于"一切真历史都是当代史"的误读便杂花生树、群莺乱飞。在想当然的理解中,历史成了一个可资复制的模板,而当代则成了历史粘贴后的文档。过往在循环往复中推进到当下,现实穿着崭新的戏袍演绎着古典的悲剧、喜剧或闹剧……

上述简单粗暴的历史认知,与大字本、线装书的阅读姿态捆绑,"天不变,道亦不变"的路标就在每一个时间刻度搔首等候。

必须指出,这恰恰与克罗齐想说明的一切背道而驰。诚然,"克罗齐命题"谈及历史,也关涉当代。如果说有什么议题支配着《历史学的理论和实际》的写作,那就是"历史的当代性"。为此,克罗齐还引用了西塞罗的名言"历史是生活的老师"。但在这本书中,克罗齐并没有表达过"历史会重演"的意思——无论是惊天动地地重演,还是平淡如水地重演。此为克罗齐与黑格尔鲜明的差异——尽管在商务印书馆的出版说明中,编者将克罗齐称为"新黑格尔主义学派的代表人物"。不幸的是,人们在对"克罗齐命题"的误读中,将两种截然对立的史观乱炖在了一起。

"克罗齐命题"的真意何在?还是要回到它的出处——《历史学的理论和实际》的第一编第一章。鉴于"克罗齐命题"的完整句式在《历史学的理论和实际》中仅出现过一次,所以想要准确解读这个命题,表述命题的十个中文字便一个都不能少。进而言之,对承载"克罗齐命题"的上下文的考察亦属题中之意。

若真的仔细研读过"克罗齐命题"的上下文,哪怕是非常有限的篇幅,譬如书的第一编第一章,对"克罗齐命题"的理解便不会跑得那么偏远。在第一编第一章里,克罗齐解答了关于"克罗齐命题"的两个至关重要的问题:一、何为当代史?二、何为真历史?

何为当代史?克罗齐认为,"当代"一词只能指那种紧跟着某一正在被做出的活动而出现的、作为对那一活动的意识的历史。"当代"本质上是一种精神活动,它跳脱于时间之外,没有先后之分。它可以是过去的一小时、一天,也可以是过去的一年、一世纪。因此,过去的事实,只要和现在生活的一种兴趣打成一片,它就不是针对一种过去的兴趣而是针对一种现在的兴趣,它就是当代史。

何为真历史?克罗齐在下定义时引入了编年史的概念:编年史与(真)历史是两种不同的精神态度,即"一切历史,当其不再是思想而只是用抽象的字句记录下来时,它就变成了编年史"。历史是活的编年史,编年史是死的历史;历史是当下的历史,编年史是过去的历史;历史主要是一种思想活动,编年史主要是一种意志活动。

值得一提的是,《历史学的理论和实际》的第一编第一章,章节标题就叫《历史与编年史》。因为有编年史与真历史、抽象字句与思想之别,或许中文读者会望文生义地套用本土经验,将《资治通鉴》之类编年体史书看作克罗齐定义的死历史,将《阿房宫赋》之类辞赋体政论等同于克罗齐笔下的真历史。不得不说,这是对"克罗齐命题"的另一重误解。在《历史学的理论和实际》中,需要与真历史划清界限的形形色色的伪历史中,不仅有编年史,还包括语文性历史、演说性历史和实用性历史等。

各种形式的伪历史,笼罩着"一切真历史都是当代史",为"克罗齐命题"营造了一种看似矛盾的局面。拨开遮蔽这个命题的迷雾,依克罗齐母语意大利语来考证真历史之"真",其实是指"够格的、标准的、与历史之名相符"的意思。

显然,这种"真",带有浓厚的主观评价意味,是历史言说者或书写者用当下境遇对过去事实的介入。所谓"当下境遇",包含当代人的感知、观念、精神状态和问题意识。从这个意义上说,克罗齐对真历史的定义,有康德"人的理性为自然立法"的影子,也是贝克莱"存在即被感知"在历史领域的投射。

克罗齐所说的当代史,是过去的事实与现在生活的一种兴趣打成一片。而促使过去事实与现在生活打成一片的"故事推动力",在于人的理性或者情感。

牛顿、爱因斯坦、霍金都已作古,成为科技编年史中用抽象字句记录下来的名字。然而,在电影《流浪地球》里,当人类面临宇宙级浩劫,老何念叨着"牛顿顿爷、爱因斯坦坦叔、霍金金哥",祈求保佑时,这三个名字便构成了一种强烈的现实关怀。

在《历史学的理论和实际》中,克罗齐强调了人的主观吁求对创造(激活)历史的重要作用。他说,当生活的发展需要它们时,死历史就会复活,过去史就会变成现在的。"罗马人和希腊人躺在墓室中,直到文艺复兴时期,欧洲人的精神有了新出现的成熟,才把它们唤醒。原始的文明形式是很粗糙和野蛮的,它们被忘记了,或很少被人重视,或被人误解,直到那被称为浪漫主义或王政复古的欧洲精神的新阶段,才'同情了'它们,就是说,才承认它们是它自己本身的现在兴趣。"

如果觉得克罗齐的语言过于佶屈聱牙,不妨以"克罗齐命题"本身的遭遇来做解释。在《历史学的理论和实际》德文版(书名为《历史学的理论和历史》)于1915年在图宾根出版后,"一切真历史都是当代史"这个短句便成为单纯的叙述。当克罗齐于1952年去世后,他和他提出的命题,都成了按年代被编排的史料。可是,当人们反思、验证、推敲、咀嚼这个命题时,"一切真历史都是当代史"又具有了如假包换的当代性。

2012年,人民大学出版社出版了克罗齐名著新的中译本,由田时纲从意大利文翻译而来。有趣的是,这个中译本恢复了克罗齐最初版本的书名:《历史学的理论和历史》。更有趣的是,在译者序中,对克罗齐的评价也发生了微妙的变化:

> 不错,克罗齐的历史观还是唯心主义的,因为他认为历史归根结底是精神运动、发展的过程,他说过"历史是历史判断"。不过,就像列宁说的,聪明的唯心主义比愚蠢的唯物主义更接近聪明的唯物主义。

27 英雄一登场，仆人就发笑

汉高祖12年，刘邦在平定黥布叛乱之后，返军长安途中，回到自己久违的故乡沛县。为此，高祖作《大风歌》："大风起兮云飞扬，威加海内兮归故乡。"可谓雄豪自放，踌躇满志。

但沛县的乡亲们怎么看？元睢景臣著《哨遍·高祖还乡》里有一段唱词，说的是高祖下车那一刻，一位乡民眼中的他——

> 猛可里抬头觑，觑多时认得，险气破我胸脯。你身须姓刘，你妻须姓吕，把你两家儿根脚从头数……少我的钱差发内旋拨还，欠我的粟税粮中私准除。只通刘三

谁肯把你揪扯住,白甚么改了姓、更了名、唤做汉高祖。

堂堂高祖,成了乡民嘴里的"刘三",还欠了人一屁股的钱粮。

大人物,在知根知底的小人物譬如邻居、亲友、发小等面前,透明、轻薄如空气。古今中外,莫不如此。西谚云"仆人眼中无英雄"。

"仆人眼中无英雄"在中文世界被挂在了黑格尔名下。黑格尔的确说过这句话,不过,梳理这句名言生成的知识谱系,黑格尔算不得它的源头,只能算这句话病毒式传播的一个极其重要的触发点。

黑格尔在哪本著作里提及的这句话?人们的认知不乏疏谬之处。中国学人在引用时往往称源自《历史哲学》。

《历史哲学》德文原版出版于1837年,是黑格尔的学生爱德华德·干斯根据老师生前在柏林大学的讲演稿编辑而成。"仆人眼中无英雄"在《历史哲学》里不难找到,出现于该书绪论部分之"哲学的历史"。黑格尔在探讨伟大人物的私人特性时,抛出此言。这篇绪论,是黑格尔去世前一年,即1830年勘定。在《历史哲学》最完整的王造时译本(上海书店出版社2006年3月版)中,原文如下:

人类不能不饮食,他总有友朋亲故等的关系;他有时也会愤激、发怒。"仆从眼中无英雄"是一句有名的谚语,我会加上一句——歌德在十年后又重复地说过——"但那不是因为英雄不是英雄,而是因为仆从就是仆从"。

如何理解黑格尔的上述表达?其一,"仆从眼中无英雄",黑格尔不是原创者,如他自己所言,这是一句有名的谚语,他对这句话的贡献是加上了一句"但那不是因为英雄不是英雄,而是因为仆从就是仆从";其二,黑格尔加上的那一句,歌德在十年后又重复说过。

第一点按下不表,第二点就令人费解了。《历史哲学》的绪论勘定于黑格尔去世前一年,即1830年,他何以洞悉"歌德在十年后又重复地说过"这件身后事?更何况歌德去世于1832年,他不可能挨到《历史哲学》绪论勘定十年后的1840年再去重复这句话。难道时间穿越了?

就此,唯一合理的解释是,在黑格尔的著作中,《历史哲学》并非首次提及"仆从眼中无英雄"以及他加上的那一句——黑格尔只是在《历史哲学》里重复了自己此前说过的话。

那么,前文已述的"前文"是哪一本?用"仆从眼中无英雄"对黑格尔所有著作进行搜索,答案是《精神现象学》。

《精神现象学》出版于1807年,是黑格尔的第一部纲领性著作。在这本书里,黑格尔系统阐述了自己的世界观和方法论,标志着他与谢林在哲学上的彻底决裂。在这本奠定黑格尔哲学体系的著作中,他提出了自己最重要也是最基本的哲学概念"绝对精神"。

"绝对精神"是怎么扯上"英雄"的?因为"绝对精神"在现实世界中总需要一位承载者,他或者唱着大风歌,或者骑在马背上。事实上,《精神现象学》完稿当日,也即1806年10月13日,正是耶拿战役决战前夜。这一天,身为耶拿大学教授的黑格尔写信给好友尼塔麦:"我看见拿破仑,这个世界精神在巡视全城。当我看见这样一个伟大人物时,真令我产生一种奇异的感觉,他骑在马背上,他在这里,集中在这一点上,他要达到全世界、统治全世界。"

拿破仑是十八世纪末、十九世纪初世界政坛的头条人物,也构成了黑格尔理论的历史背景和心理基础。当然,黑格尔在《精神现象学》里谈论"英雄"时,并没有直接提及拿破仑。

"仆人眼中无英雄"出现在《精神现象学》下卷第六章《精神》之第三节《对其自身具有确定性的精神、道德》。在贺麟、王玖兴的经典中译本(商务印书馆1979年6月版)里,如是表述:

> 谚语说,"侍从眼中无英雄";但这并不是因为侍从所服侍的那个人不是英雄,而是因为服侍英雄的那个人只是侍仆,当英雄同他的侍仆打交道的时候,他不是作为一位英雄而是作为一个要吃饭、要喝水、要穿衣服的人,总而言之,英雄在他的侍仆面前所表现出来的乃是他的私人需要和私人表象的个别性。

这是黑格尔首次在著作里引用"仆人眼中无英雄"。值得注意的是,在《精神现象学》中译本里,这句话加了两个原编者注:一、歌德于1809年曾采纳黑格尔这个意思;二、这是一句法国谚语。

考察第一个原编者注,显然与黑格尔在《历史哲学》中的叙述不一致,歌德不是在《精神现象学》出版十年后(1817)重复了这句话,而是在此书出版两年后(1809)就采纳了这个意思。

查阅歌德作品目录,他在 1809 年出版的作品是小说《亲和力》。小说描写了几段不伦之恋,对婚姻制度进行了反思,主人公是贵族爱德华与夏洛蒂,国内已有多个中译本。通读《亲和力》(上海三联书店 2015 年 11 月版,高中甫译),果然有惊喜。小说第二部第五章,"奥狄莉(夏洛蒂侄女)日记摘录"中出现了《精神现象学》原编者注所指的那次"采纳"。奥狄莉在日记中称:"一个出色的人受到傻瓜们的赏识,这是可怕的。人们常说,对于仆人来说不存在英雄。这是因为只有英雄才识英雄,而仆人大概只知道重视与他同样的人。"无须赘言,黑格尔在《历史哲学》绪论中的记忆发生了偏差,而《精神现象学》里的原编者注是正确的。

循着《精神现象学》里原编者注继续探究,如果说"仆人眼中无英雄"是一句法国谚语,其形成的脉络又是怎样呢?以这句话的法译"Il n'y a pas de héros pour le valet de chambre"进行搜索,给出的线索是:路易十四时代的孔代亲王,晚年在尚蒂伊城堡做寓公时曾说过这句话。

孔代亲王,又称大孔代,是波旁王朝最显赫的贵族,被认为是十七世纪法国最伟大的军事家。孔代亲王戎马一生,为路易十四开疆拓土。1675 年,他因痛风的折磨,被迫卸甲归田,回到尚蒂伊城堡,在那里度过了生命中的最后 11 年。一代将星,成了重疾缠身的病夫。"醉里挑灯看剑,梦回吹角连营",生出"仆人眼中无英雄"的哀叹,情有可原。

但孔代在病榻上的哀叹,是否就是这句法国谚语的源头?网上没有明确说法。不过,意思相近的表达,却有更早的出处。言说者也是法国人,比孔代早了一个世纪——蒙田。在他那本百科全书式的哲学随笔里,曾就平淡的私人生活与显赫的公众形象做过辨析。具体表述出现于《蒙田随笔全集》(上海书店出版社2009年版,马振骋译本)第三卷第二章《论悔恨》中:

> 大家也欣赏阿格西劳斯(斯巴达历史上的传奇国王)的做法,他旅行时总是投宿教堂(作者按:神庙或许是更妥当的中译),为了让大家和神看到他私下生活是怎么样的。有些人在社会上备受尊敬,但是他的妻子与仆人则看不出他有任何出众的地方。受到仆人称赞的人是很少的。历史经验告诉我们,没有人在自己家里,还有在自己家乡做得成先知。

蒙田是法语从口头语(俗语、俚语)向书面语转型的关键人物,他的随笔为近世法国人的表达提供了极其丰富的资源。论及蒙田的随笔,不得不说,古希腊的经验与智慧是重要的源流。进而言之,蒙田所阐释的"显赫之辈在妻子与仆人看来无甚出众之处"的观点,源自古希腊。一本名叫《你应该了解的1200个西方典故大全集》(中国华侨出版社2011年3月版,宋歌编著)的书,暗示了这种传承关系。"仆人眼里无英雄"是1200个典故之一,关于这则典故的溯源是:马其顿王国安提柯二世(公元前319年—公元前239年)曾被颂扬为"太阳之子",他却说"我的仆人对此一无所知"。

历史是英雄的舞台,从安提柯二世到孔代亲王,再到"马背上的世界精神"拿破仑……纷至沓来,绵延不断。而那些熟悉英雄私密生活和诸多不堪的身边人,则提供了另一种视角。对英雄,他们的姿态不是仰视,而是审视甚至俯视。一如黑格尔所言,仆从给英雄脱去长靴,伺候英雄就寝,知道英雄爱喝香槟酒。英雄被这些仆从拉下来,拉到和这些精通人情的仆从们同一道德水准——甚或还在那水准之下。

28 言论自由旗号下的初夜权之争

"若批评不自由,则赞美无意义。"这句话挂在时评人嘴边,也挂在《费加罗报》的报头下面。作为座右铭,这句话与《费加罗报》"评论立报,观点先行"的采编理念不谋而合。自1854年威尔梅桑接手停刊21年的讽刺性周刊《油灯》并更名为《费加罗报》起,这句话便与《费加罗报》如影随形,历165年而未变。

"费加罗"出自十八世纪法国剧作家博马舍的喜剧《费加罗的婚礼》,系该剧的男主人公,而"若批评不自由,则赞美无意义"则借着费加罗之口说出。

1778年,博马舍用鹅毛笔写下《费加罗的婚礼》时,恐怕不会想到"若批评不自由,则赞美无意义"在当代社会已经成为新闻媒体捍卫言论自由的一面 Flag。这面 Flag 甚至立在了普利策奖得主安东尼·刘易斯的名著《批评官员的尺度：〈纽约时报〉诉警察局长沙利文案》(北京大学出版社 2011 年版)中译本的封面上。

不过,如同所有名言的遭遇,"若批评不自由,则赞美无意义"在传播过程中所定型的句式以及附着的意思与其最初的样貌并不完全一致。细细推敲,两者之间不乏疏离之处。

先由这句话的出处说起。

《费加罗的婚礼》第五幕第三场,整场都是主人公费加罗的独白。在这段独白中,十七世纪塞维利亚(《费加罗的婚礼》乃至博马舍"费加罗三部曲"均以此为背景)的"凤凰男"费加罗,以对未婚妻苏姗纳的感叹为由头,回顾了自己的坎坷经历。在"凤凰男"职业履历中,有一个阶段是作为写作者而存在的。费加罗曾创作过一个喜剧,却因诋毁伊斯兰教先知穆罕默德而遭起诉,背负骂名,债台高筑。后来,费加罗又因写了一篇谈论货币价值及其收益方面的文章而被请上了囚车,押赴固若金汤的堡垒。由此,费加罗在控诉中吐出了那个金句。剧本原文表述如下:"若连评论的自由权利都被剥夺,那迎合的赞颂也将消失。"

通读整段独白,可以发现,主人公费加罗的情绪基调是忐忑不安下的自怨自艾。令费加罗忐忑不安的是什么事？他又为何自怨自艾？若了解《费加罗的婚礼》完整的故事情节，答案不难找到。

在阿拉玛卫华伯爵的城堡里，男仆费加罗和女仆苏姗纳即将举行婚礼。但作为领主的阿拉玛卫华伯爵不怀好意，想恢复对仆奴的初夜权。用费加罗的话讲，就是让他的未婚妻苏姗纳成为阿拉玛卫华"应召的情妇、随身的太太"。于是，费加罗、苏姗纳和伯爵夫人罗丝娜联手设下圈套，由苏姗纳给伯爵写了一封温柔缠绵的情书，骗他夜晚来花园幽会。伯爵果然中计。正当伯爵在黑暗中向"苏姗纳"大献殷勤时，突然灯火齐明，伯爵发现怀抱中的女子竟是自己的夫人罗丝娜。无奈之下，伯爵只得当众下跪道歉，并保证以后再不作他想。费加罗与苏姗纳的婚礼得以顺利举行。

第五幕第三场费加罗的独白，正是发生在"请君入瓮"的计谋实施之前。主谋忐忑不安在情理之中，他的自怨自艾则完全出于对自身处境的悲愤。婚姻，作为人再正常不过的权利，竟遭到他人的粗暴干涉与侵害。

《费加罗的婚礼》反映的正是法国大革命前夕，平民阶层与贵族阶层的尖锐矛盾。费加罗的独白，他的怨恨、控诉、悲鸣和咒骂，矛头所指，正是包括阿拉玛卫华伯爵在内的封建贵族的特权。

如果将《费加罗的婚礼》的主题与政治哲学中一些重要的概念——如平等与自由进行比对，显然平等才是它的第一诉求。费加罗对未婚妻苏姗纳初夜权的捍卫，本质上是第三等级的觉醒，是权利意识的破土而出。他们要捍卫自己作为人的价值和尊严。没有谁是天然的奴仆，生来就低他人一等；也没有谁是天然的主子，生来就高人一筹。任何人都不得强迫任何人放弃自己的权益和主张。上述观念，是法国大革命前夜启蒙运动最为重要的思想成果。阿拉玛卫华伯爵所代表的封建特权，是《费加罗的婚礼》中最刺耳的杂音，也是法国启蒙运动最醒目的靶子。

既然争取平等、反对特权是《费加罗的婚礼》的主要诉求，博马舍又为何在剧本中另开一局，写下那个为言论自由鼓与呼的金句？

从政治哲学的角度论，自由尤其是言论自由，非但与平等诉求不尽一致，而且在一定程度上彼此抵触。譬如，当平等诉求向平均偏移，偏移到罔顾法律的地步，势必会损害个人自由。雅各宾派专政时期的经济管制和滥杀无辜，即是一例。

当然，雅各宾派专政是宏大叙事，《费加罗的婚礼》中关于言论自由的金句则属剧作者的个体表达。博马舍如此安排，与他的遭遇有关。

博马舍全名彼埃尔·奥古斯丁·加隆·德·博马舍，他的名字如此漫长，因为他在自己原来的名字"彼埃尔·奥古斯丁·加隆"后面加了属于其妻的一块贵族封地，地名叫博马舍。从这次改名，你能捋摸出博马舍人生一些不同寻常的细节。他1732年生于巴黎一个钟表匠家庭，是典型的平民阶层，没有受过系统教育，但此君却是一个达芬奇式的全能巨人。他自小从父亲那里学得了一手修理和制造钟表的好手艺，获得路易十五的赏识。修表之余，他还弹得一手好竖琴，赢得了公主们的垂青。另外，他办事干练，善于经商理财，有社会活动家的特质，因此又博得了路易十六的信任，多次被法国政府委以重任，赴国外执行秘密任务。譬如，组织远洋船队，运送物资前往北美，支援美国独立战争。而上述一切，都是博马舍的副业，他的本行是戏剧创作。在艺术形式上，他是法国乃至欧洲戏剧从古典主义向近现代风格过渡的关键人物。

总之，博马舍是那种出身平平，却靠自己的天赋和努力得到财富和社会尊重的人。可饶是如此，他依然不是拥有特权的贵族，哪怕在名字后面加了个贵族的姓。

1773年,博马舍卷入与金融贵族拉·伯拉希伯爵的债务官司,结果败诉,几乎破产,并被法官哥士曼控告有贿赂行为。迫不得已,博马舍诉诸公共舆论,他相继发表了四部《备忘录》,以冷嘲热讽的笔调向巴黎市民揭露法庭的黑幕和贵族的无良。《备忘录》在全国范围内引起广泛关注,激起强烈反响,法院迫于舆论压力,改判博马舍胜诉。与此同时,政府又下令烧毁了这四部"比任何一部喜剧都更有趣,比任何一部悲剧都更动人"(伏尔泰语)的《备忘录》。

法国政府企图以焚书的方式防民之口,显得笨拙又粗鲁,而这也促使博马舍在创作《费加罗的婚礼》时加塞了那句著名的"若连评论的自由权利都被剥夺,那迎合的赞颂也将消失"。

言论自由的箭借助反对特权的弓,射向旧制度,此乃启蒙思潮中一个局部的亮笔。而追溯言论自由的思想根源,借费加罗之口表达这个观念的博马舍,甚至还算不得原创者。事实上,被博马舍尊为导师的伏尔泰,很早就表达过公共舆论不应受外在因素掣肘、制约、框定的观点——批评唯有在免责的环境下才有真实的价值。负责编辑出版《伏尔泰全集》的博马舍,不可能不受老师的启发。不客气地说,在十八世纪法国的意见市场,"思想之王"伏尔泰就像一个超级中转站,几乎所有前沿的观念都在他那里聚集、分拣、派送。或许,博马舍只是言论自由观念的收件人,而发件人还要更早一些。

1644年11月24日,英国诗人、政论家弥尔顿在国会发表题为《论出版自由》的演讲。他说:"如果我们想依靠对出版的管制,以达到淳正风尚的目的,那我们必须管制一切消遣娱乐,管制一切人们赏心悦目的事物。"也许,这才是"若批评不自由,则赞美无意义"的前世。

29 婚姻的天机被苏文纨小姐泄露

有个句子非常精准地表达了《围城》的主题:"婚姻是一座围城,城外的人想进去,城里的人想出来。"就像小说作者钱锺书的夫人杨绛在电视连续剧《围城》片头所写:"《围城》的主要内涵是围在城里的人想逃出来,城外的人想冲进去。对婚姻也罢,职业也罢,人生的愿望大都如此。"

但翻遍小说《围城》,里面并没有一模一样的文字。严格说来,这个句子是对小说中一段酒局漫议的提炼。

这一幕出现在小说第三章,赵辛楣张罗的场子,方鸿渐、苏文纨皆出席,当然还有两位新结识的客人:善做旧诗的外交才俊董斜川和通晓西哲的学界大咖褚慎明。席间,方鸿渐谈及罗素的婚姻状况,"跟罗素很熟"的褚慎明便借题发挥。

原文如下:

慎明道:"关于Bertie(罗素)结婚离婚的事,我也和他谈过。他引一句英国古话,说结婚仿佛金漆的鸟笼。笼子外面的鸟想住进去,笼内的鸟想飞出来;所以结而离,离而结,没有了局。"

苏小姐(文纨)道:"法国也有这么一句话。不过,不说是鸟笼,说是被围困的城堡(forteresse assiegee),城外的人想冲进去,城里的人想逃出来。鸿渐,是不是?"

无论是英国古话还是法国谚语,功效大同小异,都表达了人们对自身的某种处境譬如婚姻的辩证思考。而钱锺书也通过上述对话向读者传递了一个明白无误的信息:婚姻的围城之喻,是他的借用而非原创。

虽然小说是虚构的艺术,但"痴气旺盛的钱锺书"(杨绛语)应该不会有如此恶劣的趣味,生造出两个比喻,然后分赠英法两国。

值得深究的是,钱锺书对两性关系的这番妙喻到底源自哪里?褚慎明和苏文纨谁更靠谱?

根据已知条件推断,既然小说名为《围城》,那么里昂大学文学博士苏文纨小姐所言"被围困的城堡",显然是一个更合乎逻辑的源头。事实上,在小说第三章的那场酒局上,作者就已经表达了对褚慎明的怀疑。当褚慎明声称"帮罗素解答过许多问题"时,钱锺书看透了笔下人物的内心戏,不无嘲讽地作了旁白:"天知道,褚慎明并没吹牛,罗素确问过他什么时候到英国,有什么计划,茶里要搁几块糖这一类非他自己不能解答的问题……"

褚慎明吹牛不假。问题是,此人吹牛的目的是挟罗素以自重,即向他人表明"我和罗素谈论过婚姻的事"。大前提成立,价值判断蒙混过关,则罗素是否引用英国古话、英国古话是真是假,皆属技术分析。而依据艺术创作"故事虚构,细节真实"的一般原则,钱锺书似无必要替褚慎明的"好友"罗素杜撰出一个"金漆的鸟笼"。

考察罗素复杂的情史,总体来说,他对婚姻持负面评价。在写于1929年的《婚姻与道德》中,罗素说道:

> 只有在自由和自愿的条件下,爱情才可能生长,如果加上义务的枷锁,它就会消亡。如果人们对你说,爱某个人是你的义务和职责之所在,你肯定会对此人产生厌恶之情。因此,婚姻想把爱情和法律的约束集于一

身,是很难获得成功的。

由此看来,钱锺书在小说中引用"金漆的鸟笼"与罗素对婚姻的态度高度吻合。

可纵然如此,一个疑问依然没有解决:鸟笼和城堡,哪一个是围城之喻更可靠的源头?

对西方两性观念史进行梳理,可以发现,他们自古就对婚姻抱一种"憧憬与逃避、渴望与厌弃"的矛盾心态。苏格拉底与悍妇太太桑蒂柏的故事,简直可以编一本笑话集。为此,苏格拉底还留下了那句关于婚姻的至理名言:娶妻还是不娶妻,人不论做哪一样,都会后悔。

注意,苏格拉底的话与"婚姻是一座围城,城外的人想进去,城里的人想出来"在意思上已经很接近了。

那么,从苏格拉底对婚姻的理解到钱锺书的围城之喻,谁完成了中转?

1980年2月,钱锺书的《〈围城〉重印前记》提供了一个极有价值的线索。在这篇文章的第二段,钱锺书谈及他最终未能完成的另一部长篇小说《百合心》时说:

> 我写完《围城》,就对它不很满意。出版了我现在更

不满意的一本文学批评(《谈艺录》)以后,我抽空又写长篇小说,命名《百合心》,也脱胎于法文成语(le coeur d'artichaut),中心人物是一个女角。大约已写成了两万字。一九四九年夏天,全家从上海迁居北京,手忙脚乱中,我把一叠看来像乱纸的草稿扔到不知哪里去了。

"百合心"的法文成语,意为人心如百合,花瓣层层剥落,每一瓣都可以分给一个人,却终而虚无。百合心之喻,可引申为总是轻易爱上别人却得不到幸福的单纯女子。

不对"百合心"作过多解释,《〈围城〉重印前记》一文的要害是"也脱胎于法文成语"的"也",它告诉人们一个重要的事实,《围城》脱胎于法文成语"被围困的城堡"。换言之,苏文纨小姐的确是泄露婚姻天机的那个人。

以"被围困的城堡"(forteresse assiegee)为关键词进行搜索,可以查到一个叫"Pierre-Marie Quitard"的法文名字,中译名是皮埃尔·玛丽·吉塔尔。

一位叫慧的豆瓣网友曾对皮埃尔·玛丽·吉塔尔(Pierre-Marie Quitard)以及此人与《围城》的关联进行过详细的考证。根据慧的考证,吉塔尔1792年出生,1882年去世。他是一位语法专家,更是一名戏剧作家。《围城》里的这句话来自吉塔尔所著《法国谚语和谚语语言的历史、文学及法律研究》,书中原话是这么写的——迪弗雷纳的喜剧中有一句话:婚姻这个"国家"有一个特点,外国人想要进去住,而里边的居民却想逃离出来。这个尖刻的句子来自一句阿拉伯谚语:婚姻就像一道围墙,外面的人想进去,里面的人想出来。(关于吉塔尔的考证,版权归"慧"所有,因无法直接联系作者,特此声明并表示感谢。)

1937年秋至1938年夏,钱锺书曾在巴黎游学一年。博闻强识的他,读过吉塔尔的这本书,属情理之中。然而一个疑问伴之而来,如果钱锺书读过吉塔尔的著作,为何不径直说"一句阿拉伯谚语"?

合理的解释是,婚姻的围城之喻在欧洲甚至拓及中东地区,是一种经传播而共享的观念,有着多源交错的发生史,人们用更为丰富的物象来表达对婚姻——结或离、进或出、娶或不娶的矛盾心态,吉塔尔所言阿拉伯谚语或许只是其中一脉。论源头,苏格拉底对婚姻的理解比之阿拉伯谚语,显然要深远得多。

而在法语作家里,对苏格拉底的解读和诠释,又有谁可媲美蒙田呢?

在蒙田著名的三卷《随笔集》中,提及苏格拉底之处难以计数。尤其值得关注的是《蒙田随笔全集》第三卷第五章《论维吉尔的几首诗》。文中,蒙田在探讨作为契约的婚姻时,直接引用了苏格拉底"娶妻还是不娶妻"的名言。而联系蒙田这次引用的上下文,又有更惹眼的发现。在此前一段中,蒙田写道:

> 琴瑟和谐那么少见,正说明它的宝贵与价值。夫妻若圆满结合,彼此相敬,婚姻实在是组成我们社会的最好的构件。我们少了它不行,但又时时在损害它。这就像看到鸟笼的情况,笼外的鸟死命要往里钻,笼里的鸟又绝望要往外飞。

蒙田就婚姻所打的比方,与《围城》酒局漫议中所奉上的句式,几乎完全相同。鸟笼和城堡,褚慎明或苏文纨,英国古话与法国谚语,都汇向了蒙田写下的这段话。《随笔集》成书于1580至1587年间,通过时间推算,或许有理由说,仅就文字表述而论,是蒙田最初点拨了钱锺书。

30 卡萨诺瓦的感官世界

"婚姻是爱情的坟墓"是一个毒鸡汤味甚浓的句子,也极易被想当然地认为是一句产生于当代的流行语。加之这个句子在网络传播时往往会拖曳一个带有逻辑反转意味的下文——"没有婚姻爱情将死无葬身之地",更是被网友推测为出自某位都市言情女作家之手——她应该善于操弄情感叙事,自认洞悉两性奥义,或许,在电视访谈中她还会摆出一副曾经沧海的言说姿态与阅尽世事的诲人甫士。

其实,这个句子是有些来历的,产生时间要比电视时代久远得多。在"智慧引语"(Brainy Quote)网站上,以"婚姻是爱情的坟墓"的英译句式"Marriage is the tomb of love"进行搜索,结果不难得到:贾科莫·卡萨诺瓦。随后,以"卡萨诺瓦"和"婚姻是爱情的坟墓"进行组合搜索,可以更精准地定位这个句子的出处:卡萨诺瓦自传《我的一生》英文版第九卷第八章。

卡萨诺瓦是个什么样的人?十八世纪意大利浪子一枚。要更深入更全面地了解此人,《我的一生》称得上是最好的说明书。这本自传囊括了传主49岁(1774年)之前的经历,或者说,所有的风流韵事。

"婚姻是爱情的坟墓"就是卡萨诺瓦1763年浪迹伦敦时一段风流韵事的副产品。《我的一生》中文版没有全译本,2006年北京燕山出版社出版了高中甫等人由德文版转译的中文节选本。这个节选本对原版中过于直露的性事描写作了无公害处理,同时,对书的篇章进行了重组编排,将皇皇12卷近4000页250万字的鸿篇巨制压缩到63章400多页50万字。"婚姻是爱情的坟墓"就出自这个中文节选本的第56章。

准确地说,无论是中文版还是其他外文版本里,都没有与"婚姻是爱情的坟墓"完全一致的句式。这句名言如今呈现给我们的样貌,是对卡萨诺瓦与葡萄牙女子保琳娜一段对话的提炼,进而在传播中实现了格言化。

保琳娜是谁?她何以成为卡萨诺瓦名言的听众?

保琳娜是卡萨诺瓦伦敦寓所的一位房客,葡萄牙姑娘,有着精致的面孔和苗条的腰身,简朴且自律。而正是保琳娜身上那种不爱招惹人、麻烦人的正派劲儿,点燃了卡萨诺瓦的欲望之火。后续故事非常套路,在房东无微不至的关怀下,洁身自好的保琳娜还是城门失守,沦为他的床帏之臣。

问题是,卡萨诺瓦在伦敦不止保琳娜一个女人,他还有一个老相好科内利夫人。有一次,科内利夫人有难,女儿索菲来卡萨诺瓦寓所求助。索菲见到保琳娜,便问"您是他(卡萨诺瓦)的妻子?"卡萨诺瓦抢在保琳娜之前谎称"是的"。

于是,在小女孩离开后,一段关于婚恋问题的形而上对话在房东与房客之间展开:

保琳娜:她(索菲)肯定会对她的母亲(科内利夫人)讲,她认识了您的妻子。

卡萨诺瓦:科内利夫人不会相信她的,因为她知道我对婚姻是反感的。

保琳娜:您的反感由何而来?

卡萨诺瓦(耸耸肩):对我来说,它(婚姻)是爱情的坟墓。

与其说卡萨诺瓦视婚姻如坟墓,不如说他视婚姻如枷锁,更重要的是,事实上这副枷锁于他毫无约束力。在《我的一生》中文版译者序里,高中甫援引德国作家赫尔曼·凯斯顿的统计,《我的一生》中与传主有染的有名有姓的女人有116名;另一项更权威的统计称,情圣一生"经手"的女人有132位。其中,包括前文提及的保琳娜、科内利夫人,也包括那不勒斯女贵族卢克蕾齐娅,甚至包括卡萨诺瓦与卢克蕾齐娅所生的女儿莱奥妮达……

在两性关系上,卡萨诺瓦是阅人无数的狐狸,而非专攻一人的刺猬。他周游列国,四处播种,要他"像一株胡杨那样与土地不离不弃",抱歉,缘木求鱼。鉴于卡萨诺瓦在情场上的卓越战绩,以及他对不同女性永无止境的好奇心、新鲜感和收藏欲,学术界给此人贴了个标签:卡萨诺瓦综合征。翻译成我们能够理解的概念是登徒子、猎艳者,更时髦一些的词汇是渣男。

渣男偷香窃玉的一般行为模式是:甜言蜜语地讨好、热烈如火地追求、赢得短暂的快乐,然而在女方刚进入角色时渣男的剧情已落幕、爱恨已入土,然后,下一个……

卡萨诺瓦对自己的特殊嗜好亦有解读,他自我剖析说:"感官的快乐是我毕生的主要追求,对我来说没有比这更重要的了。因为我是为另一性别而生的,于是我不断地去爱那个性别,并致力于去赢得她(们)的爱。"

公道而论,卡萨诺瓦并非全然没有道德感。在《我的一生》自序中,他自称是一个有神论者,而且是一个虔诚的天主教信徒。不过,卡萨诺瓦从不怀疑上帝存在的理由是"当(我)处于困境而祈求上帝的帮助时,我总是相信他的救助,他总是有求必应。"如此好运、如此蒙受上帝恩眷的渣男,势必会把世界当作欲望宣泄的舞台和感官享受的猎场。卡萨诺瓦唯一的生活原则是随波逐流——或许,"随心所欲"才是更贴切的表达。

显然,在卡萨诺瓦的价值体系里,欲望才是居于天梯最高处的圣物。欲望是天理,是圣意,放纵欲望是圣徒的正确打开方式。相反,"明智而有节制的行为会带来厄运"。

当然,将卡萨诺瓦仅仅视作一个用肉身去扫荡世界的把妹高手,实在是太小看他了。这既误解了卡萨诺瓦,也误解了他所处的时代。

在启蒙思潮方兴未艾的十八世纪,将人欲当作天理,不是卡萨诺瓦的专利,而是那个时代思想市场的共识。仿佛唯有不断地袒露、展现、满足人的欲望,才能成全一个真正的、顶天立地的人。所以,不是卡萨诺瓦扫荡了世界,而是世界塑造了卡萨诺瓦。在将"人"字无限大写的十八世纪,出了卡萨诺瓦这号人物,丝毫没有违和感。在某种程度上,他也的确称得上是一个巨人,尽管这个巨人形象不那么伟光正。

纵观卡萨诺瓦的一生,他不只是风月场上的奇葩,也是各个领域的怪才。根据卡萨诺瓦自己撰写的履历,他于1725年生于威尼斯一个演员家庭,1737年在帕多瓦大学注册,1742年获得帕多瓦大学法学博士头衔。此后,他参过军、做过琴师、担任过神职,也上过法庭、入过监狱,并且成功越狱;他开过公司、当过经理,积累了财富,也挥霍无度;他组建过剧团,出版过刊物,通吃文理工医商法各个学科,著述不下20种;他的职业身份包括士兵、教士、学者、外交官、魔术师等;他得到过教皇的表彰,获得过骑士的封号;他足迹遍布欧洲,结交了伏尔泰、达·蓬特、腓特烈二世、叶卡捷琳娜二世等大人物……

卡萨诺瓦的经历过于传奇,匪夷所思,以至于后世的人们怀疑这一切都是他的杜撰。可在比对同时代的相关记述后,人们无奈地发现,绝大多数都与史实吻合。在呼唤巨人的那个时代,卡萨诺瓦竟然真的以巨人的姿态粉墨登场。诚然,这个巨人,不够精巧,细节粗糙,高度毛坯化,而且是个凭生理本能行事的人。但他身上所展现出的生机勃勃、蠢蠢欲动、无所顾忌、无所羁绊,打满了那个时代的烙印。

有着黝黑长卷发、1.9米强壮体魄、地中海般蓝眼睛的卡萨诺瓦,的确有那么点"天选之人"的意思。而"天选之人"凭其超越凡人的精力,完成了一部有116位女配角的情欲写真,"散发出一股淫荡的意大利情欲的气味"(海涅语)。

卡萨诺瓦用《我的一生》,对婚姻这种人类最基本、最普遍的社会关系作了负面批注。他在一晌贪欢后抛出的命题——婚姻是爱情的坟墓,政治上无比不正确,却能让高居当代观念食物链顶端的女权主义,不知所措,无从下手。

31 钱谷融是怎么找到丹纳的?

1957年3月,华东师范大学准备召开一次大规模的学术讨论会。应会议主办方要求,时任华东师范大学中文系讲师的钱谷融在此前一个月撰写了《论"文学是人学"》一文。当年五月,这篇论文刊发于《文艺月报》(《上海文学》前身)。

《论"文学是人学"》开宗明义——高尔基曾做过这样的建议:把文学叫作"人学"。随后,钱谷融就此做了诠释:

> 我们在说明文学必须以人为描写的中心,必须创造出生动的典型形象时,也常常引用高尔基的这一意见。但我们的理解也就到此为止,只知道逗留在强调写人的重要一点上,再也不能向前多走一步。其实,这句话的

含义是极为深广的。我们简直可以把它当作理解一切文学问题的一把总钥匙,谁要想深入文艺的堂奥,不管他是创作家也好,理论家也好,就非得掌握这把钥匙不可。理论家离开了这把钥匙,就无法解释文艺上一系列的现象;创作家忘记了这把钥匙,就写不出激动人心的真正的艺术作品来。

诚哉斯言,"文学是人学"是理解一切文学问题的总钥匙。作为人类所独有的一种语言艺术,如果撇开了"人",文学何以安身立命?这本是常识。但正因为是常识,人们往往对之习焉不察、不求甚解。作为一个锚定中国现当代文学价值观的命题,"文学是人学"最初出自何人之口?长久以来,学术界莫衷一是。哪怕是用这把钥匙开启中国现当代文学大门的钱谷融,对此的探究也经历了反复。

钱谷融最初给出的答案是高尔基。《论"文学是人学"》全文三万多字,33次提到高尔基,"我注六经"的姿态不言而喻。不过,通读这篇文章,你会发现,实际效果却是"六经注我"。有趣的是,就钱谷融所表达的人道主义文学观而言,他所援引的注我之"六经",即"无产阶级艺术权威"(列宁语)高尔基的文学理论,对文章论点的支撑并不坚实有力。在一些特定的论述环节,如文学的任务、文学创作的动力、文学中人的抽象或具体,尤其是文学典型的创造模式上,高尔基的理论与钱谷融的观点也不是完全兼容。相反,在同一篇文章里,钱谷融所引证的另一位俄罗斯作家车尔尼雪夫斯基的观点倒是与作者同气连枝。

事实上,搜索《论"文学是人学"》整篇论文,并没有以高尔基直接引语形式出现的"文学是人学",或诸如"文学即人学""文学乃人学"之类的句子。翻查高尔基相关著述和讲话,也没有发现此类表述。

既然如此,钱谷融缘何将"文学是人学"与高尔基联系在一起?显然,他把高尔基建议的"把文学叫作'人学'"等同于"文学是人学"了。而"把文学叫作'人学'"又出自何处?钱谷融说:"是从季摩菲耶夫的《文学原理》中来的。"1953年由平明出版社出版的《文学原理》多处提及,高尔基称文学是"人学"。但在这个版本的《文学原理》中,季摩菲耶夫并没有注释高尔基这个提法的出处。直到1959年,也就是《论"文学是人学"》成文后两年,季摩菲耶夫才在《文学原理》修订版中标明,高尔基的这一说法出自《谈技艺》一文。1979年人民文学出版社出版的《论文学·续集》收录了这篇文章。根据这个版本,高尔基的原话并非"把文学叫作'人学'",而是"文学是'民学'或'人学'最好的文献"。

有必要指出,从高尔基的原话到钱谷融的引文,其间经过了多个文本的转述和不同语种的翻译,语义早就发生了变化。但有一点可以肯定,高尔基不是"文学是人学"的原创者。

正因为此,自《论"文学是人学"》发表之后,关于"文学是人学"真正出处的争议就没有停歇过。作为论战一方,钱谷融本人的态度也经历了从"抗辩-坚持"到"怀疑-修正"直至自我否定的过程,最终他承认"高尔基可能没有说过'文学是人学'这样的话"。

当然,否定了高尔基,钱谷融并没有放弃对自己营造的这个谜团的破解。他找到了新的答案:丹纳。

钱谷融是怎么找到丹纳的?在他晚年的通信、访谈中有相关描述——

2003年7月,钱谷融在致文学评论家李岭的信中说:"记得还是在九十年代的某一天,我偶然翻阅了泰纳(丹纳)所写的英文版《英国文学史》一书,在该书的序言中,泰纳用直白的语言说:'literature, it is the study of man'。泰纳生于1828年,比高尔基早出生40年,'文学是人学'这句话的发明权,不应该属于高尔基,而应该属于泰纳。"

2005年3月,钱谷融同学者李世涛的谈话中再度提及此事,表述基本相同,并补充说明丹纳的《英国文学史》是家藏的。

2014年6月,钱谷融在接受《深圳特区报》记者马信芳的专访时重复上述话语,只是强调"《英国文学史》这本书我家中一直有,但我没有看"。

钱谷融在20世纪90年代那次信手翻书,可谓石破天惊。他翻书时偶得的三个关键线索——丹纳、英文版《英国文学史》序言、"literature, it is the study of man"——刷新了人们对"文学是人学"出处的认知。

丹纳是法国著名的哲学家、史学家和文艺理论家,他的理论对19世纪的文艺研究产生了深远影响。在国内,丹纳最著名的文艺理论作品是《艺术哲学》,由傅雷翻译。

《英国文学史》系丹纳于1864至1869年撰写的著作,国内尚无完整译本,部分章节散见于他人编纂的书籍,如伍蠡甫主编的《西方文论选》下卷收录有《英国文学史》序言的第二章;张可、王元化编译的《莎剧解读》收录有《英国文学史》中的"莎士比亚论"。

"literature, it is the study of man",据钱谷融所言,出自《英国文学史》英文版序言,在字面意义上的确可以对应中文的"文学是人学"。

若依这三个证据进行推导,"文学是人学"的发明权无疑将归于丹纳名下。未曾想,新一轮的质疑很快出现,且严密而有力。2010年第一期《中国社会科学》杂志刊发了中南民族大学教授刘为钦的论文《"文学是人学"命题之反思》,文中揭示了一个令人诧异的事实——丹纳《英国文学史》的原创版本是法文,钱谷融阅读的是英文版。《英国文学史》比较通行的英文译本是由亨利·范·劳恩(Henri Van Laun)翻译的,刘反复阅读了这个译本的序言,但未找到"literature, it is the study of man"的句式。刘随后又查阅了原创法文版的序言,也未找到对应"文学是人学"的法文句式。哪怕是最接近"文学即人学"的句子,也与其精准含义相去甚远。

问题究竟出在哪儿?不妨再仔细审视丹纳其人其文。

在西方文艺理论发展史上,丹纳受孔德实证论和达尔文进化论影响较深,并较早借用自然规律来解释文艺现象。丹纳文论的代表作就是《英国文学史》序言,在这篇文章里,丹纳系统阐述了他著名的文学发展"三要素"说。他主张文学创作决定于种族、环境和时代三种力量,三者构成了文学发展的"内部根源""外部压力"和"后天动量"。《英国文学史》

就是以英国文学为实例,来证明"三要素"说。

诚然,《英国文学史》序言可以视作一篇文艺理论文章,但更应该归入文化人类学和历史社会学范畴。由于丹纳较重视产生文艺作品的那种普遍的精神状态和民族气质,因此作为个体的作家心理和人物性格往往为他所忽视。一如丹纳的老师圣佩韦所评价的:丹纳先生的研究方法没有触及独特而具体的个人,他始终停留在外部,让所谓才能和天赋从网孔中漏掉了。

进而言之,丹纳那种注重整体民族性的文艺理论研究范式,与钱谷融《论"文学是人学"》中所提倡的在文学作品中描写"具体的、活生生的人",本质上是背道而驰的。

所以,钱谷融为"文学是人学"原创者寻找的新答案——丹纳受到质疑,情有可原。

善意猜测,或许钱谷融九十年代那次信手翻书,翻到的是《英国文学史》另一个英译本;或许在那个版本里英译者为书的序言自拟了标题、新加了注释,而"literature, it is the study of man"是标题或注释的一部分……

或许,只是钱谷融记忆产生了偏差。但这些都随着老先生的仙逝,成为无法解答的谜。

或许,我们该做更大胆的猜测:在《论"文学是人学"》面世前,并没有谁明确地说过"文学是人学"。"文学是人学"作为现当代中国文学最重要的命题之一,其发明者正是发现者钱谷融本人。真理在很大程度上是勇气的问题。钱谷融以巨大的理论勇气为理解文学问题找到了一把钥匙,但他的谦逊又使他将时间和精力投入到一桩没有结果的劳作——寻找打造钥匙的人。

32 身体能把灵魂甩多远

"请你慢些走,等一等你的灵魂。"2011年7月24日,时评人童大焕就某公共事件撰写评论,文末有感而发,使用了一串排比,此为其中一句。次日,《纽约时报》相关报道的标题援引了这句话,一时流传。

经向作者本人核实,这句话并非作者原创,而是引用他人,只是作者在评论文章里结合新闻事实进行了本土化改装。

那么,谁是"请慢些走,等一等灵魂"的原创者?

中文网络有两种说法:其一,此为印第安谚语;其二,此为印度谚语。两种说法,有着相同的故事蓝本——一支西方考察队到原始森林探险,请了当地土著做向导。在疾行三天后,土著向导要求队伍停下来休息一天,问其原因,答曰:我们走得太快了,灵魂跟不上来,需要停下来,等一等灵魂。

不难判断,"印第安"或"印度"应为"indian"一词英译中的讹误,其中必有一种操作犯了哥伦布式的错误。

印第安和印度哪一个是正解?理论上要从英文世界寻找答案。

但出人意料,用"请慢些走,等一等灵魂"的英译"waiting for the soul to catch up with the body"在英文网络搜索,你既到不了印第安,也到不了印度。这句话唯一的归宿是一本书——《神圣必需品》(*Sacred Necessities*),作者特里·赫希(Terry Hershey),2005年由索林图书公司出版。

特里·赫希何许人也?《神圣必需品》的作者简介里如是说:赫希与现任妻子定居于美国华盛顿州西雅图市附近的一座小岛上,船是与外界联系的唯一交通工具。在绝大多数时间,你可以在赫希的花园里找到他,他正漫步于草木之间,随身的口袋里还揣着圣奥古斯丁的作品或托马斯·闵采尔的传记。这位隐居小岛的作家出生于密歇根州,他的教育背景纷繁复杂,犹如万花筒。他先后在加利福尼亚帕萨迪纳、英国伦敦和印第安纳州韦恩堡游学,获得了泰勒大学的哲学与神学学位。毕业后,他远赴乌干达,担任一家公关公司的主管。此时,他的第一段婚姻走到尽头。离婚之后,他来到加州,在一座教堂任职。此间,他发起成立了公益组织"聚焦基督教徒",为社区居民提供人际关系指导,课程包括:学会优雅,承担责任,放慢脚步,回望灵魂……

从赫希讲授的课程,你大致可以猜出《神圣必需品》所要讲述的东西。如果心灵鸡汤有标准配方,《神圣必需品》就是一本以神学为核心菜系的经典食谱。这本书通篇弥漫着"读者文摘"的气息,始终在探讨一些宏大而无用的话题:身体与灵魂、静止与运动、奋斗与意义、忙碌与放空、初心与远方,等等。

在《神圣必需品》第68页,"主菜"终于端了上来。在这一章节里,赫希表达了"生命在于静止"的观点。他提出,人的一生不应该永远忙忙碌碌,有时候你奋力追逐的东西就藏在你起跑的地方,所以"无所事事"是一种难能可贵的状态,它有助于我们的精神世界得到放松。为此,赫希说了个"等一等灵魂"的故事——

一位美国旅行家到非洲腹地徒步旅行。他是强迫症患者,为这次徒步准备了精细到小时的日程表,还雇了几位当地部落的脚夫,来背负行李食物等"必需品"。第一天,他们一大早就出发,以很快的速度走了很远;第二天,他们仍是一大早就出发,以更快的速度走了更远;第三天,依然如此,旅行家感到十分高兴。直到第四天,那些生长于丛林的脚夫再也不肯往前走了,他们在一棵树下坐了下来。

旅行家很恼火,问道:"究竟是怎么回事?你们这是在浪费时间!"

脚夫悠然作答:"请慢些走,我们这是在等待自己的灵魂追上我们的身体。"

至此,答案揭晓。"请慢些走,等一等灵魂"的源头是赫希的《神圣必需品》。流传于中文网络的所谓"西方考察队到印第安(印度)原始森林探险"的故事,最初模板其实是《神圣必需品》中的"美国旅行家到非洲腹地徒步旅行"。作者赫希在乌干达的工作经历,想必也为故事提供了丰富的素材,他的基督教背景则为故事添加了神性的调味料。

宗教团体,历来是鸡汤的主产区。在基督教文化圈,"请慢些走,等一等灵魂"所蕴含的身体与灵魂的二元对立,长久以来都是一个重要的文化母题。沿着这条脉络,能够延展出多种叙事模式:物质与精神、存在与意识、形式与内容、表象与本质、瞬间与永恒……上述种种,都可以追溯到基督徒的神圣必需品:《圣经》。

值得一提的是,哪怕是《圣经》,就其结构来说,也是一种典型的二元模式,即旧约与新约的相对。前者是希伯来语文本,后者是希腊语文本;前者描绘的是人类诞生、发展和启蒙的历史,后者记载的是耶稣传道、受难和复活的故事。而在两者之间划出界线的,是耶稣的诞生,也就是公元元年。

若说旧约与新约最大的区别,恰恰又和身体与灵魂的关系有关。旧约秉持灵肉一元论,没有肉体与灵魂两分的说法,换言之,旧约不承认灵魂可以脱离肉体而存在。旧约《创世记》说:"耶和华抟土造人,将生气吹进了他的鼻孔,他就成了有灵的活人,他叫亚当。"旧约《诗篇》又说:"你收回他们的气,他们就死亡,归于尘土。"务实的犹太人,将人看作完整之物。在希伯来语中,灵魂(尼发希)的含义是"生命的气息",肉身死则灵魂灭。

相反,新约宣扬的是灵肉二元论,灵魂成了独立的、纯属精神性的、完全可以脱离肉体的存在。新约《马太福音》说:"那杀死身体而不能杀死灵魂的,不要怕他们。"新约《雅各书》又说:"我的弟兄们,你们中间若有失迷真道的,有人使他回转。这人该知道:叫一个罪人迷途知返,便是救一个灵魂不死,并且遮盖许多的罪。"显然,沉迷于逻各斯的希腊人,为基督教建立了一种"对立—统一"的思维模型。依据希腊人的世界观,肉体只是灵魂暂居的寓所,而人是"使用肉体的灵魂"（柏拉图语），肉体可以死亡或朽坏，灵魂却循环往复，永不熄灭。

《犹太百科全书》站在犹太人的立场，指出了旧约与新约在灵肉关系问题上的明显差异。该书认为，肉身消亡后灵魂可以继续生存的观念，只是希腊哲学或神学的揣测，而不是纯正的信仰。圣经（旧约）从来就没有明确提出过类似的观念。

但不可否认，希腊哲学尤其是理性思想的介入，为基督教信仰拓宽了认知维度。近世欧洲的理性主义哲学家笛卡尔、斯宾诺莎和莱布尼茨等人，利用神学所营造的思辨空间，一举奠定了当代思想体系的基石。

另一方面，也正是有了新约灵肉二元论的铺垫，在基督教观念里，人的灵魂之于身体，获得了更高的道德位势。肉体是逐利的、贪婪的、眼前的、罪恶的，灵魂是自足的、内敛的、高远的、圣洁的。

无论身体在地上如何折腾，灵魂总是在高处俯瞰着它。无论身体把灵魂甩开多远的距离，它终究是灵魂牵在手里的木偶。

纵然身体可以不知疲倦地前行，但没有灵魂来指点迷津，便容易误入歧途——走毫无意义的路，做毫无价值的事，追寻没有希望的目标。

所以,身体要慢些走,要等一等灵魂。在耶稣诞生差不多两千年后,特里·赫希借着一位非洲脚夫的嘴煲出了这碗鸡汤。而这碗鸡汤,可以滋养任何因仓促赶路而失去方向的人。

33　历史比现实残酷一些

过去40年,在中文世界里传播最广的外来短句,莫过于"莫斯科不相信眼泪",一部公映于1980年的苏联电影。它的片名成为滋养一个时代的鸡汤,微辣的口感、微寒的体感,是痛苦而决绝的清醒,又是坦然而勇敢的承受。对于刚走出特殊年代的中国人来说,《莫斯科不相信眼泪》以及那句著名的台词"生活是从40岁开始的",无疑营造了一种全新的精神气象,大有万物方始的意味。

然而,作为一句影响力巨大的名言,弗拉基米尔·缅绍夫执导的《莫斯科不相信眼泪》却算不得源头。事实上,这句话是俄罗斯古谚之一,其历史可以上溯到16世纪伊凡四世的时代。《西方名言引喻典故辞典》(花城出版社1990年8

月版,陈珍广、祁庆生编)梳理了这条脉络。

在《西方名言引喻典故辞典》中有一个词条就叫"莫斯科不相信眼泪"(第213页),相关解释如下:

> 16世纪时,莫斯科公国(注:原书有误,征讨喀山时已是俄罗斯帝国)曾征服了喀山汗国。胜利者残酷地对待被征服者。尽管那些国破家亡的鞑靼王室成员苦苦哀诉,以求得更多的宽容,但还是不能引起莫斯科统治者的同情。故有"莫斯科不相信眼泪"的说法。成语固然表示:不管一个人如何鸣冤叫屈,哭诉自己的不幸遭遇,但别人是不会相信的。但反过来也可以指:对于不幸的事,眼泪是帮不了什么忙的,遭遇不幸的人正视现实,奋发图强去克服困难才是上策。

根据"莫斯科不相信眼泪"的提示,在同一本书中可以找到"喀山孤儿"(第167页),该词条对"莫斯科不相信眼泪"作了补充说明:

> 1552年俄国征服了喀山汗国之后,那些鞑靼王室成员为了求得沙皇尽可能多的宽容,不惜一把眼泪一把

鼻涕地诉说自己的苦处,被称为喀山的孤儿。另一说是喀山汗国覆灭之后,莫斯科出现了许多乞丐。他们都自称是战争的受害者,说自己父母是在喀山汗国被围攻时死去。当然,其中大多数人是瞎编的,因此这些所谓"喀山孤儿"就被喻为装可怜相、装穷叫苦讨人怜悯的人。

从两个词条的注释中,人们能嗅出一股源自历史深处的肃杀之气,要比电影《莫斯科不相信眼泪》所反映的现实残酷一些。而16世纪中叶,伊凡四世肇始的俄罗斯对外扩张,为这句名言的诞生铺垫了足够波澜壮阔也足够冷血无情的背景。显然,一切都要从伊凡四世说起。

伊凡四世是俄罗斯历史上的第一位沙皇。不过,他有一个更显赫的别称——"伊凡雷帝",还有一个更能体现其风格的绰号——"恐怖的伊凡"。史家对伊凡四世功过是非的评价历来争议不断、毁誉不一。在斯大林时代的苏联以及当今主流的俄罗斯历史学家眼中,他是一个杰出的历史人物。但在西方历史学家看来,他又是俄罗斯式独裁政治的化身。在这位"白皮黄心"的俄罗斯沙皇身上,高超的智慧同极端的残忍结合在一起。他骄奢淫逸,喜怒无常,嗜血成性,凶残疯狂,既铲除异己,又诛杀无辜。他对臣民使用的酷刑和迫害手段花样迭出,屠杀的规模令人不寒而栗。

但公允论之,与其说伊凡四世天生残暴,不如说他性格复杂,因为铸就他性格的成长经历变幻莫测且充满了不安全感。伊凡四世出生于1530年,自幼失去双亲,由领主们辅政,年少时的他是克里姆林宫高墙内的"囚徒"。宫廷内部的激烈倾轧和自相残杀,对伊凡四世性格的形成及1547年亲政后的统治行为产生了深远影响。他一方面暴虐、专横,认为君权神授,人人均应绝对服从;另一方面又胆怯、多疑,怀着神经质的恐惧感,习惯于把天下人都当作欺君谋反者。

一般来说,具有"暴虐—胆怯"双重人格的专制独裁者,必须通过不断地开疆拓土才能克服自身的心理障碍。伊凡四世就是一个典型的样本,他可以被视为帝俄扩张史的起点——他征伐的第一个目标,就是莫斯科东部、扼守伏尔加河左岸的喀山。

喀山最初由保加尔人建立,蒙古西征时被纳入金帐汗国版图,金帐汗国没落后鞑靼人在此建立喀山汗国。鞑靼人和俄罗斯人早先都是金帐汗国的臣属,都有蒙古基因,区别仅在于信仰。论传承,鞑靼人的蒙古血统要比俄罗斯人"纯正"一些。在16世纪之前,双方的攻守之势总体上是鞑靼人进犯莫斯科,他们多次屠杀、劫掠和贩卖斯拉夫人。历史记忆作用于民族语言，于是就有了"不请自来的客人比鞑靼人还坏"的俄罗斯古谚。

所以，伊凡四世对喀山的征伐既有开疆拓土的动机，也有报仇雪恨的用意。其实，伊凡四世在1547年加冕称沙皇的那一年便开始对喀山用兵，只因河道过早解冻而未能渡过伏尔加河。5年后，伊凡四世亲率15万大军、150门大炮分水陆两路再度进军喀山。

喀山城的防御工事不差，步骑兵的战斗力也不逊色于伊凡四世大军。但三个关键因素决定了战争的胜败：其一，俄军由伏尔加河上游而来，截断了喀山城的水源；其二，俄军的炮兵占有绝对优势，木制大炮塔的搭建使喀山大部处于炮火的覆盖下；其三，在德国工程师的指导下，俄军挖掘了直通城墙的地道。

喀山之战，表象上是两股蒙古余脉的内斗，本质上是依托欧洲技术文明的俄罗斯对奥斯曼帝国附庸的胜利。1552年10月2日，喀山城破。当天，在整个战事中的主要工作是祈祷的伊凡四世，策马进抵喀山汗国的王宫。此时，喀山可汗雅迪格尔·穆罕默德的后宫佳丽们捧着金银财宝冲出宫门，哭着拜倒在俄军铁蹄前。稍后，可汗本人见大势已去，也低眉顺眼地匍匐在伊凡四世脚下，祈求宽恕。"一代雄主"带着几分傲慢、几分轻蔑,对哭泣着的投降者说:"不幸的人,你并不了解俄国的威力!"(《一代暴君:伊凡雷帝》第51页,世界知识出版社1986年9月版,亨利·特罗亚著,张志、刘广新译)

喀山汗国宫门前的受降场面,以及伊凡四世对"哭泣的失败者"说的这句话,是"莫斯科不相信眼泪"的母题,也是此后一系列残酷历史叙事的前情。俄军吞并喀山后,鞑靼人遭遇了什么属于人们常识范围内的猜想,那是国破家亡者必然享受的待遇。在伊凡四世的强迫下,雅迪格尔·穆罕默德及一众臣子改宗东正教,并接受洗礼。他的后宫佳丽和阵亡鞑靼人的遗孀也抛弃了信仰,成为俄军将士的帷帐卑侍。而万千喀山民众,则沦为俄罗斯帝国社会最底层的草民。他们不但要承受苦役,还要承担莫斯科圣瓦西里大教堂六年修建期间的所有开支。

自16世纪中叶起,大批流离失所的喀山人来到俄罗斯帝都莫斯科,其中也包括一些此前被鞑靼人掠到喀山的俄罗斯人。这些喀山人拖儿带女、缺衣少食、愁容满面、哭泣不已,可曾遭他们欺凌的俄罗斯人,却对之少有怜惜。有什么情感能够压倒人类独有的同情心?应该是基于羞耻的仇恨。"莫斯科不相信眼泪"和"喀山孤儿"两句俄谚,在彼时的莫斯科街头孕育成型。那是胜利者对失败者的无动于衷。

攻克喀山,标志着俄罗斯彻底摆脱"蒙古—鞑靼"系族群的控制,伏尔加河东岸广袤的土地向俄罗斯敞开。喀山汗国覆灭后,阿斯特拉罕汗国、西伯利亚汗国、克里米亚汗国等也先后并入帝俄版图。东欧边缘的蕞尔小邦,终成当今横跨欧亚大陆的世界第一领土大国。

在这个神奇的扩张鸿篇中,伊凡四世堪称故事的第一推动力。这位出生时被喀山可汗沙法·格来称作"长着一颗吞食我们鞑靼人牙齿"的巨婴,后来吞食了更大的土地和更多的人民。最终,俄国成了列宁所说的"各族人民的监狱"。有趣的是,喀山恰是列宁成长的地方。

34　浸在鸡汤里的阿拉曼墓志铭

1942年10月23日,北非沙漠,蒙哥马利麾下的英国第八集团军趁德军统帅隆美尔回国治病,对德意非洲军团发起总攻,为期12天的阿拉曼战役拉开序幕。

次日凌晨,有"沙漠之鼠"之称的英军第七装甲师从战线南侧对德意联军展开佯攻。来自英格兰沃里克郡的22岁士兵戈弗雷(G.F. Godfrey)是第七装甲师的一员。很不幸,莎士比亚的这位小老乡没能活到当天日落。

后来,戈弗雷与战役中阵亡的7000多名袍泽弟兄一起埋在了阿拉曼英联邦士兵公墓,拥有了一块专属于他的石刻墓碑。在碑面的十字架下刻着一句铭文:对于世界,他是一名普通的士兵;对于我,他是整个世界(To the world, he was a soldier;To me,he was the world)。

这句铭文是戈弗雷母亲送给儿子的。当然,还有一种说法,这句话代表了戈弗雷女友的心声。但毫无疑问,这是二战所有死难者墓志铭中最令人心碎的一句。1992年,时任英国首相梅杰出席阿拉曼战役胜利50周年庆典,致辞中引用了这句铭文。2017年,董卿在《朗读者》第七期对维和烈士申亮亮家属的访谈中,也曾含泪吟诵了这句铭文。

相信,只要人类尚未止战,刻在戈弗雷墓碑上的铭文便具有永恒的穿透力。任何渺小到只具统计价值的个体,对与他(她)灵肉相连的人而言,都是巨大到无法估量的存在。失去他(她),犹如四季被剜去了春天。

或许,因为这句话过于触动人心,以至于人们往往沉浸于它所营造的感伤,而忽视了它的出处。尽管不得不承认,叩问"原创还是转载"是件煞煞风景的事。

应该说,戈弗雷墓碑上的铭文——从"对于世界"到"整个世界",是一个对仗极其工整、风格异常鲜明的句式。换言之,这个句子一旦生成就注定会成为语言世界的网红款。超凡的情感排水量使得它可以承载各种人际表达:母子之间的、情人之间的、师徒之间的、主仆之间的,凡此种种。

正因为这句铭文天然具有可供传诵的属性,你就不难找

到与之高度相仿的句式。其中,下面这一句尤其值得关注:

> 对于世界,你也许是一个普通人;但是对于某个人,你是他的整个世界(To the world, you maybe one person; But to one person, you maybe the world)。

比较这两个句子,除了人称代词做了微调,句式结构几乎完全相同。如此雷同的表达,让人不难得出符合逻辑的结论:两个句子绝不会是分属于平行宇宙的表达,雷同也绝不仅是巧合。

那么,谁是谁的母本?

在中文网络里查询"对于世界,你也许是一个普通人;但是对于某个人,你是他的整个世界"的出处,一般会得到两个截然不同的答案:一、出自玛格丽特·米切尔的《飘》(也译为《乱世佳人》);二、出自狄更斯的《双城记》。其中,前一个搜索结果占了绝大多数。

《飘》是记者型作家玛格丽特·米切尔唯一的一部小说,出版于1936年。四年后,由小说改编的电影《乱世佳人》公映。《飘》的故事情节,就是讲战争与爱情以及它们的衍生品——生离死别。单从这一点来说,《飘》的主题与戈弗雷墓志铭的心理背景一致。如果那个未经证实的说法成立,即铭文实为女友对戈弗雷的无尽哀思,两者之契合简直可用量身定做来形容。

再将时间顺序加以梳理,一则催泪力度毫不逊色于《飘》的爱情故事便已成型——

1936年,《飘》出版,一时间洛阳纸贵,风靡大西洋两岸,少年时代的戈弗雷和他的女友都是这本畅销小说的忠实读者。1940年,《乱世佳人》公映,即将入伍的戈弗雷与女友在家乡的某家电影院里相偎相依,看完了电影。而后,戈弗雷奔赴前线,未料竟是永诀。悲痛欲绝的女友,将《飘》中最感人的句子略加改动,刻作戈弗雷的墓志铭,以见证这段属于他们的爱情。

这则爱情故事,足够凄美,可故事终究是故事,而且故事的基石并不存在。用中英文双语检索《飘》的英文原版和国内各个译本,并没有发现这个句子及近似表达。

有没有可能是《飘》改编成电影时,导演维克多·弗莱明灵光一现加进去的?查看近四个小时的完整版《乱世佳人》,也没有找到类似的台词。无论在电影里还是小说中,斯嘉丽与白瑞德、梅兰妮与艾希礼、斯嘉丽与艾希礼有过许多次爱的对白,却都未呈上这句海枯石烂的誓言。扩大检索范围,在英文网络里将"玛格丽特·米切尔"设为关键词,与这个句子组合搜索,结果仍是无。

与《飘》的际遇相同,对《双城记》通篇进行中英文双语检索,亦无此一说。

由此不难断定,称"对于世界,你也许是一个普通人;但是对于某个人,你是他的整个世界"出自玛格丽特·米切尔的《飘》或狄更斯的《双城记》,纯属中文网络的杜撰或误植。虽然打开此类不着调的网页,你多半能看到沁人心脾的配图,唤醒你对浓稠鸡汤的回味。

关于戈弗雷墓志铭的源头,玛格丽特·米切尔和狄更斯解答不了任何问题,他们本身就是问题。进而言之,中文网络里压根儿就没有通向答案的路径。

考虑到戈弗雷墓志铭的英伦文化背景,也许搜索英文网络才是正解。果然,"智慧引语"网站给出了一个令人惊讶的答案:被中国网民挂在玛格丽特·米切尔或狄更斯名下的句子,实为"苏斯博士"的原创。

"苏斯博士"出生于1904年,是美国著名的作家及漫画家,以儿童绘本最为出名——一个在幼教领域影响力远超成人世界的人物。他原名希奥多·苏斯·盖索,苏斯博士(Dr. Seuss)是他的笔名。"苏斯博士"一生(卒于1991年)创作了

48种精彩的儿童绘本,作品被翻译成20多种文字,全球销量逾2.5亿册。他曾获得美国绘本最高荣誉凯迪克大奖和普利策特殊贡献奖,两次获得奥斯卡金像奖和艾美奖,美国政府甚至把他的生日(3月2日)定为美国的国家读书日。战后出生的美国总统克林顿、小布什、奥巴马等人,均以"我小时候读过他的书"为荣。

由于"苏斯博士"的读者以12岁以下儿童为主,所以绘本中运用了大量朗朗上口的韵脚。此等特质加持了"苏斯博士"作品的传播力,他的句子很容易成为语录,他的语录又很适合兑成鸡汤。不过,"对于世界,你也许是一个普通人;但是对于某个人,你是他的整个世界"是个罕见的例外。"智慧引语"称,这句话并非出自"苏斯博士"的任何一部作品。至于这是"苏斯博士"在什么时候什么场合说的,网站没有给出答案。然而有一点是明确的,在英文网络里,这句话出自"苏斯博士"之口是迄今唯一的搜索结果,也是迄今唯一未被证伪的搜索结果。

如果说"智慧引语"提供了一个尚算清晰的结论,那么它也留下了一个未解之谜:戈弗雷墓志铭与"苏斯博士"语录,这两个高度雷同的句子谁先谁后?究竟是幼教专家的暖口鸡汤启迪了戈弗雷的亲人,还是戈弗雷墓志铭本就是他亲人悲恸之下的原生态表达后被幼教专家所引用？问号还没被拉直。

当然，比起战争带给一个普通人、一个普通家庭的创痛，这个问号又何足挂齿？戈弗雷墓碑的十字架告诉人们一个生命的渺小与伟大。无定河边骨，谁的梦里人？

35 电影台词里的中国可以说"不"

1919年1月28日,法国外交部会议厅,"巴黎和会"就中国山东问题进行专场讨论,还差一天31岁生日的顾维钧,代表中国政府申诉立场。

80年后,反映巴黎和会的电影《我的1919》,陈道明完美演绎了顾维钧人生的高光一幕。摘录影片最精彩的一段台词——

顾维钧:你们日本在全世界面前偷了整个山东省,山东省的三千六百万人民,该不该愤怒?四万万中国人民该不该愤怒?请问日本的这个行为算不算是盗窃?是不是无耻啊?是不是极端的无耻?山东是中国文化的摇篮,中国的圣者孔子和孟子就诞生在这片土地上,孔子犹如西方的耶稣。山东是中国的,无论从经济方面,还是战略上,还有宗教文化,中国不能失去山东,就像西方不能失去耶路撒冷。

(英国首相劳合·乔治:一个真正剪掉辫子的中国人。)

(美国总统威尔逊:对中国观点最卓越的论述,今天晚上整个巴黎都会谈论他。)

如果说上述陈词具有金属般的质地,那么"中国不能失去山东,就像西方不能失去耶路撒冷"则闪耀着钻石的光泽。在强权压倒公理的时代,作为弱国的中国想说一声"不"是何等不易!好在顾维钧说了出来。将中国的山东比作西方的耶路撒冷,以此唤醒肉食者的同理心,并提示肉食者:日渐衰竭的草食动物虽断无生路,但还有残存的体面。

毫无疑问,"耶路撒冷之喻"作为外交修辞是登峰造极的,作为历史先声亦可震撼人心。金句挂在顾维钧名下,显得顺理成章。有点历史感的人,甚至会抱着一份成全之意,在陈道明的念白与顾维钧的申辩之间画上等号。

但有一个问题,哪怕时隔百年仍值得推敲:"耶路撒冷之喻"是否真的回荡于1919年1月28日的法国外交部会议厅？不妨先回到历史现场。

1918年，一战结束。1919年，巴黎和会召开。国人对此会寄予厚望，期盼中国能在国际政治舞台上一扫受人欺辱的历史，收回战前被德国侵占的山东。然而，巴黎和会期间，即1919年1月27日，日本代表提出，要无条件接管德国在胶州湾租借地、胶济铁路以及在山东的一切其他权利，全然无视中国亦是战胜国的事实。面对日方挑衅，与会的中国外交官不得不予以反击。经过一夜准备，1919年1月28日，五位中国代表里年纪最轻、资历最浅的顾维钧代表中国政府发言。顾维钧的发言思路清晰、言辞得体、事实可靠，在法理上对日方的无理要求进行了驳斥，既捍卫了民族权益，又在一定程度上赢得了国际社会的同情。

作为一个文本，顾维钧的发言堪称中国近代外交史上的经典篇章。《顾维钧外交演讲集》（上海辞书出版社2006年版）收录了这次发言。书中的演讲稿是从顾维钧捐赠给母校哥伦比亚大学的《顾维钧文件》中挑选出来的，25篇文章均为英文原稿与中文译稿一并刊印，是顾维钧演讲最权威可靠的记录。《巴黎和会上的发言》是书的第一篇，以第三人称的口吻完整记载了顾维钧发言的一字一句。

非常遗憾,逐字逐句研读这篇演讲稿,并没有发现"耶路撒冷"(Jerusalem)这个词,也没有类似的比喻。实际文本与电影台词最具关联性的段落如下:

> 山东省是中华文明的摇篮,孔子和孟子的诞生地,对中国人而言,这是一块圣地。全中国人的目光都聚焦于山东省,该省在中国的发展中总是起着重要作用。

不难看出,现实表达与艺术创作之间有较大的出入。就风格来说,顾维钧在巴黎和会上的发言,条分缕析,克制而内敛,重在陈述事实和法理,未见基于强烈情感的词句。此外,顾维钧在巴黎和会上的发言,是用英语而非汉语。

进一步查阅十三册《顾维钧回忆录》(中华书局2013年版)和新近出版的《顾维钧家族》(新星出版社2018年版),与巴黎和会相关的章节里亦无"耶路撒冷之喻"。

由此,可以负责任地说,1919年1月28日,顾维钧捍卫了中国主权,向列强说"不",但他说"不"的方式并不像陈道明演的那样。

那么,"耶路撒冷之喻"从何而来?

《财经》杂志2013年曾刊发中国台湾东海大学历史系教

授唐启华的文章《论顾氏演说》,文中推测,"耶路撒冷之喻"可能系当时报章的夸大渲染,受顾维钧演讲中的"圣地"启发而衍生出"中国的孔子有如西方的耶稣,中国不能失去山东正如西方不能失去耶路撒冷",《费加罗报》也引用了这句名言。

有意思的是,学者余世存提出了与唐启华不同的见解。他著有《弱国幸有顾维钧》一文(收录于2012年江苏文艺出版社出版的《大民小国:20世纪中国人的命运与抗争》),此文是中文网络里关于顾维钧巴黎和会演讲传播最广的一篇文章。文中,余世存坚称"耶路撒冷之喻"出自顾维钧之口,同时也提及了《费加罗报》的引用。

顾维钧巴黎和会发言是否有"耶路撒冷之喻",已有明确答案。那么这是否为当时报章的夸大渲染呢?以法文对《费加罗报》数据库进行搜索,该报历史上的标题或正文里均未出现过"耶路撒冷之喻"。《费加罗报》既被证伪,那"耶路撒冷之喻"有没有可能出自其他报纸的报道?是中文报纸还是外文报纸?想必,这是一次海中寻针似的搜索。

翻查关于巴黎和会的新闻史资料,一个令人惊诧的事实呈于目下:对于关系到中国前途和命运的巴黎和会,中国只派出了一名职业记者亲临现场,他就是《大公报》主笔胡政之。整个会议期间,胡政之共向国内发回18篇报道,以"巴黎专电"或"巴黎特约通信"为栏目名刊发于《大公报》二版。由于通讯不便,胡政之的报道一般要延宕两个月之久才能见报。可即便如此,胡政之的报道依然算得上是对巴黎和会的贴近观察。通读这些报道,尤其是对1919年1月28日山东问题专场讨论的报道,未见"耶路撒冷之喻"。

有趣的是,1919年5月17日,《大公报》刊登了胡政之撰写的《外交人物之写真》一文,对中国参加巴黎和会的五位代表——外交总长陆徵祥、南方政府代表王正廷、驻英公使施肇基、驻比公使魏宸组、驻美公使顾维钧,逐一进行了文字画像。对顾维钧,胡政之如此描述:才调颇优而气骄量狭。

顾维钧何以给胡政之留下"气骄量狭"的印象?一是因为顾维钧年轻,难免气盛。另一个更重要的原因,寓于历史的大背景,《顾维钧家族》给出了解读。中国参加巴黎和会可谓历经劫难,五位全权代表组团,主办方却仅允许两位代表入场。五选二,如何安排?于是,代表团内部勾心斗角、派系之争、论资排辈等戏码争相上演。而待1919年1月28日,要对日方挑衅进行抗辩时,"年高德劭"者竟都免战牌高悬,团长陆徵祥甚至称病拒绝与会。此时,后生晚辈顾维钧反而成了先锋。诚然,顾维钧对山东问题早有研究,也精通国际法,但于外遭列强蔑视、于内被同僚轻慢的双重际遇,又怎能让人心平气和?量狭,只因愤懑和敏感。

弱国幸有顾维钧,弱国也唯有顾维钧。进而言之,弱国的悲哀是,即便有了顾维钧,有了他的据理力争、慷慨陈词,西方的姿态多半还是视而不见、充耳不闻。《我的1919》里,顾维钧发言后,劳合·乔治和威尔逊啧啧称赞,克雷孟梭更有"顾之对付日本,有如猫之弄鼠"的至高评价。且不论列强领袖们的赞誉是真是假、是客套还是真情,一组数据却叫人不忍直视:中国代表要求归还山东的提议遭巴黎和会否决,当日路透社的18条消息中对中国不着一笔;中国代表拒绝在包含山东问题裁决的协议上签字,当日路透社的10篇电稿中也对中国只字未提。

这就是巴黎和会期间,西方媒体对中国的舆论关注度。究竟是哪个报章以超凡热忱虚构了"耶路撒冷之喻",暂无定论。《我的1919》是迄今所能勘定的源头,更早的出处得求教电影编剧。

在《我的1919》里,被顾维钧驳得哑口无言、狼狈之极的日本代表牧野伸显(明治维新功臣大久保利通之子),有据可查,倒的确被劳合·乔治握手称道:"我十分敬佩日本的态度。"这是虎豹对豺狼的欣赏。

历史的创口被真相挑开,它的残酷和冷漠,令人心痛。"中国不能失去山东,就像西方不能失去耶路撒冷"多么铿锵有力、精妙绝伦,却只是电影里的台词。在一个世纪前的巴黎和会上,中国可以说"不",这是弱国仅有的权利;而弱国无外交,这是中国面对的现实。

36 1935年底的北平，那群不平静的青年

在电影《无问西东》第三个年代（1960年代）的故事里，时任清华校长的蒋南翔，对于因为"我有人要照顾"而执意留京的学生陈鹏（黄晓明饰），给予了莫大的包容："我希望你们对陈鹏这个学生不要有什么意见，他能把自己真实的想法说出来，也没什么不对。"而在片尾的致敬人物谱中，关于蒋南翔的介绍里披露了一条更为硬核的信息：他22岁时，在"一二·九运动"中写下了"华北之大，已经安放不得一张平静的书桌了"。

如此耳熟能详、如此振聋发聩的呐喊，竟出自这位敦厚长者之口。1949年后中国首任正式的清华校长蒋南翔，他风华正茂的年代与民族危亡的岁月遭遇，碰撞出"一二·九

运动"最重要的文本《清华大学救国会告全国民众书》(以下简称《告全国民众书》),而"华北之大,已经安放不得一张平静的书桌了"是这个文本中最出彩的句子。

1935年夏,《何梅协定》签订,国民党政府撤销了在河北的政府机关,撤出驻河北的中央军和东北军,同时在全国范围内禁止一切反日活动。华北上空乌云笼罩,北平沦陷即在眼前。12月3日,清华大学救国会提出的"通电全国,反对一切伪组织、伪自治,联合北平各大中学校进行游行请愿的决议"在全校大会上通过。在为游行准备的过程中,时任清华大学地下党支部书记、《清华周刊》主编的中文系学生蒋南翔,受托执笔《告全国民众书》。2005年出版的《蒋南翔传》第二章《蒋南翔与"一二·九运动"》对此有详细记载:

> 当时在北平市工委工作的何凤元(何是蒋的宜兴同乡)得悉这一胜利消息(救国会决议获通过),非常高兴。他特地从城里赶回清华找蒋南翔,要他赶在游行前负责起草一篇对外宣言。蒋南翔当天晚上就独自躲进清华一院大楼(清华学堂)地下室的印刷车间,杜门谢客,抱着满腔悲愤的心情,撰写《告全国民众书》。这篇宣言接连写了两三个晚上,当时他痛感华北人民面临亡国的威

胁,地处北方前线的北平学生已在上着"最后一课","华北之大,已经安放不得一张平静的书桌了"。他一面写作,一面不能自已地泪流满面,激动的心情难以言表。文章脱稿后,印成单页,在几天后的"一二·九"游行队伍中广为散发,在大街小巷到处张贴,并在12月10日出版的清华大学救国会的《怒吼吧》杂志(作者注:应为《清华周刊》的《怒吼吧》特刊)上发表。

《蒋南翔传》的记载,完全遵循或者说拷贝了《我在清华大学参加"一二·九"运动的回忆》一文的相关表述。此文是蒋南翔于1985年为纪念"一二·九运动"50周年所写,刊发于当年12月21日的清华校刊《新清华》,也收录于1998年出版的《蒋南翔文集》下卷。而《蒋南翔文集》上卷第三篇就是著名的《告全国民众书》,文章第二自然段最后一句道出了华北危机下莘莘学子的内心悲怆:"安心读书"吗?华北之大,已经安放不得一张平静的书桌了!

《蒋南翔传》和《蒋南翔文集》虽属个人叙述,但白纸黑字的分量不容忽视。一个判断应该经得起推敲:蒋南翔是《告全国民众书》的作者,作为文字的"华北之大,已经安放不得一张平静的书桌了"也出自他笔下。而蒋南翔哲学系小师妹韦君宜的评价堪称旁证:"他从不对人提起(此事),他这个人就是这个作风。"

蒋南翔写下了"华北之大,已经安放不得一张平静的书桌了",那么能否说这个名句就是他的原创?经验告诉我们,如此推导并不顺理成章。写作者往往有这样的经历,在一篇文章特定的表达环节,引用自己曾听到过的句子。此类引用,可以是有意的,也可能是无意的。关键在于被引用的句子与想表达的意思严丝合缝,有一语道破之功效。至于这个句子究竟出自何人之口,写作者可能会记得,也可能因年代久远、记忆偏差以及其他因素的干扰而被遗忘,有时候甚至连引用这个事实本身都有可能被忘却。

"华北之大,已经安放不得一张平静的书桌了"是否存在类似现象?回顾其传播史,的确有一些争议。

《党史博览》杂志2016年第二期刊发了历史学者钱承军的文章《关于一二·九运动中一句名言的存疑问题》,此文极其严谨详实地查证了围绕这句名言的几乎所有疑问点。更重要的是,钱承军论及了姚依林关于"华北之大,已经安放不得一张平静的书桌了"的另一种说法。1979年7月13日,清华大学马列教研室杨树先等人对姚依林进行了一次访谈。2009年第八期《炎黄春秋》杂志刊登了这次访谈的完整版,

题为《姚依林谈一二·九——姚依林同志访问记录》。在文章里,姚依林的一段话尤其引人注目:

> 有一种说法是不对的,即"华北之大,已经安放不下一张平静的书桌了"过去有人说是清华提出来的。不对,这是燕京首先提出来的。当时是由燕京的陈絜负责起草《北平学联对时局的宣言》中提出来的。这不是清华的发明权,不能掠人之美。

姚依林比蒋南翔小四岁,与蒋一样,也是"一二·九运动"重要的领导人。当时,姚依林就读于清华化学系,是蒋任书记的中共清华大学地下党支部委员、蒋任主编的《清华周刊》编委。有鉴于此,姚依林对"一二·九运动"的回忆具有相当的权威性和可信度。

姚依林所说的北平学联是"北平大中学校抗日救国学生联合会"的简称,成立于1935年11月18日,发起者有彭涛、周小舟、谷景生、陈絜、姚依林等人,姚依林任学联秘书长。

姚依林所说的起草《北平学联对时局的宣言》并提出"华北之大,已经安放不下一张平静的书桌了"的陈絜,又名陈矩孙,福建人,晚清名臣、溥仪之师陈宝琛之孙。"一二·九运动"期间,陈絜就读于燕京大学历史系,任中共燕大地下党支部书记。陈絜的一生,始终积极参与中共的工作,曾跟随刘少奇筹建"中南局"并任其秘书,又因在隐蔽战线的杰出贡献而被誉为"福建潘汉年"。

燕大的陈絜与清华的姚依林,是怎么联系在一起的?在姚依林堂妹姚锦所著《姚依林百夕谈》(中央党史出版社2008年版)一书中有所记述:

> 1935年春的一天,姚依林因住处距燕京很近,便悄悄进燕大图书馆贴传单,没想到巧遇旧识陈絜。久不见面的陈絜一把握住姚依林的手,却沾了满手浆糊。次日,陈絜赶来清华找姚依林,表明自己在福建读书时便是共青团员,一直在找组织。于是,姚依林通过陈絜认识了燕大的一批革命青年,其中有黄华,还有龚澎等。从此之后,清华大学和燕京大学的进步学生沟通了关系,活动领域更加扩展。

有必要指出的是,北平学联的成立正是以清华和燕大(两所学校均位于北平郊外,当局监控较松)紧密联系为前提,而这个组织是"一二·九运动"的主要领导机构。基于上述背景,在北平学联成立之日(1935年11月18日)受命起草《北平学联对时局的宣言》的陈絜,完全有可能更早地提出"华北之大,已经安放不下一张平静的书桌了"。

陈絜起草的《北平学联对时局的宣言》,在1935年12月6日北平学联第二次代表大会上通过并发表,标题改为《北平市学生联合会成立宣言》,现收藏于中国国家博物馆。非常遗憾,在这个版本中并无类似于"华北之大,已安放不得一张平静的书桌了"的句子。

那会不会是陈絜口头创造了"华北之大,已经安放不下一张平静的书桌了",但并没有写进《北平学联对时局的宣言》的文本,而是被联系紧密的热血青年们口口相传,最终被蒋南翔落实于文字呢?很有可能,但无实证。姚依林关于"一二·九运动"的回忆没有给出更多的解读,陈絜本人也没有就此留下任何文字记载。所以,关于这句名言的诞生,因为姚依林与蒋南翔记忆的出入而成了有待进一步核实的谜。

当然,这个疑问比之"华北之大,已经安放不下一张平静的书桌了"巨大的感染力,比之"一二·九运动"深远的影响力,显得过于拘泥。今人应该永远铭记的,是清华老校长蒋南翔以及他的同辈人,在民族危亡、山河破碎时代的悲伤与愤懑、呐喊与呼号。"当世界年轻的时候",他们曾为一张平静的书桌而斗争过。

37 "裱糊匠"生平之快事也

有一段据说是发生在李鸿章与俾斯麦之间的对话,在民科历史学界被传得有鼻子有眼,也时常被公共媒体所引用——

1896年,李鸿章环球巡访,拜会了不少欧美政要,其中就包括俾斯麦。在与俾斯麦的交谈中,李鸿章称自己被誉为东方俾斯麦。俾斯麦听罢,不以为然且不无嘲讽地答:幸亏我不是欧洲李鸿章。

一个日渐衰微的老大帝国,走出一位感觉良好的政治人物,以山寨版的某某自居,结果被本尊当场打脸。这段对话,极其符合李鸿章的历史人设,也能满足当代观众的剧情期待。不过,其真实性恐怕仍停留在剧情层面。

这段对话,源自美国战地记者兼民科中国问题专家威廉·弗朗西斯·曼尼克思。1913年,此人出版了一本自称是根据"李鸿章日记"编撰的《李鸿章回忆录》。在该书第十章《德国人与事》(以中国书店出版社2011年5月版,赵文伟译本为例)中,曼尼克思以摘录"李鸿章日记"的形式记述了李鸿章与俾斯麦的会面——

> 前天,我在俾斯麦的城堡与他进行了友好的会晤。……会谈接近尾声时,我告诉他,有些人称赞我是"东方俾斯麦"。俾斯麦的表情很严肃,好像在琢磨我的意思。接着,他浓密的眉毛向上一翘,微笑着对鲁夫巴赫上尉(德国人里,他的汉语说得最好)耳语道:"告诉中堂,法国人根本不把这句话当成赞美!"我当然明白,我们握了握手,表示意见一致,法国人不喜欢俾斯麦。……我们刚握完手,他就说:"他们管中堂叫'东方俾斯麦'是吗?我想告诉您,我做梦也没想过他们会管我叫'欧洲的李鸿章'!"

《李鸿章回忆录》里的描写可谓活灵活现,让人如临其境。可是,非常遗憾,经后世历史学家考证核实:曼尼克思所言"李鸿章日记"纯属子虚乌有,而《李鸿章回忆录》是一本十足的伪书,是曼尼克思闭门造车的产物。

那么,未经编造的真实剧情又是怎样的呢?只能去历史现场找答案。

1896年3月,因签订《马关条约》而被解职的李鸿章,受慈禧之托以特使身份赴俄罗斯参加沙皇尼古拉二世的加冕典礼。在此期间,李鸿章代表清廷与俄方签订了影响深远的《御敌互相援助条约》(中俄密约)。当年6月,在结束访俄之后,李鸿章又接连访问了欧美七个国家。德国是李鸿章此次出访的第二站。他与俾斯麦会面的准确时间是1896年6月27日下午,地点是俾斯麦归隐居住的福里德里斯鲁庄园,距离汉堡20公里。

严格说,"李俾会"并不在事先安排的行程内,而是李鸿章临时加塞的项目。所以,李鸿章拜会俾斯麦的要求让邀请方汉堡商会颇感突然,也让德皇威廉二世甚为不悦——老宰相的去职正是由于同皇上政见不合。然而,在一心求索强国之道的李鸿章的坚持下,两位下野权臣的会面还是得以上演。

关于"李俾会"最早的中文记载,见于《傅相游历各国日记》。此书刊印于李鸿章欧美巡访的次年,即1897年,作者署名桃溪渔隐和惺新庵主。事实上,此书是在李鸿章授意下,由他子侄辈及众幕僚编撰而成。其中,《游德访俾士麦》一节专门记述了这次会面。书中对李鸿章其他外事活动仅寥寥数语略过,相形之下,《游德访俾士麦》可谓浓墨重彩:

> 五月十七日(西历六月廿七号),节相预与俾士麦王约,访诸其家,即乘火车造王邸,夹道观者蜂屯蚁聚。车停,俾王闻节相至,盛服俟于门首。相见而揖,皆长身玉立,风采伟然。既近,相与握手立谈,译员旁侍,代传问答语……

译员代传问答了些什么内容?有相互赞美的客套话,也有嘘寒问暖的体己话,其余,皆为李鸿章求索的强国之道,所谓"仆之来谒,有一事乞请诲也"。李鸿章乞诲之事,即"何以图治、如何练兵"。俾斯麦奉上了一个普鲁士式的回答:"以练兵立国基,舍此无策。夫兵不贵多,一国兵数不必逾五万。特年必少,技必精,斯所向无敌。"

《游德访俾士麦》文末,着重描述了俾斯麦迎宾时的装束:"俾王佩红鹰大十字宝星,而首冠御赐之王冕,手执先王之介圭,腰佩登坛之宝剑。之三者,自先皇威良(廉)一世谢世后,无第二人一得其赐。俾王非遇大典礼大朝会,亦罕有一日而三事具之者。"

缘何作此描述?因为"今以之款节相,其敬节相也至矣"。

俾斯麦对李鸿章如此恭之敬之,何谈嘲讽?可以想见,《傅相游历各国日记》所记的"李俾会",未有"幸亏我不是欧洲李鸿章"之说。

当然,《傅相游历各国日记》是李鸿章审定的版本,倾向不言自明。除此之外,有无更客观一些的第三方记录呢?

在《傅相游历各国日记》刊印两年后,也就是1899年,上海广学会出版了由林乐知著、蔡尔康译的《李傅相历聘欧美记》。此书根据各国报纸纪要和资料汇编而成,内容更为细致翔实。关于"李俾会"的表述,《李傅相历聘欧美记》与《傅相游历各国日记》大致相同。通读《李傅相历聘欧美记》,亦未见有"幸亏我不是欧洲李鸿章"之说。但是,《李傅相历聘欧美记》补充了一些《傅相游历各国日记》中因官场忌讳而刻意删节的内容。譬如,李鸿章曾请教俾斯麦:"何以胜政府(中的政敌)?"后者答:"为人臣子,总不能与政府相争。故各国大臣遇政府有与龃龉之处,非俯首以从命,即直言以纳诲耳。"

《傅相游历各国日记》与《李傅相历聘欧美记》,均属李鸿章1896年欧美巡访的早期文献。查阅其他一些关于李鸿章的著述,如《李鸿章传》(商务印书馆2015年1月版,梁启超著)、《1896:李鸿章的世界之旅》(中国工人出版社2015年10月版,侯杰、王小蕾著)、《西洋镜:海外史料看李鸿章》(广东人民出版社2019年3月版,赵省伟主编)等,其中关涉"李俾会"的章节,无论文字简约还是翔实、刻板还是生动,均未提及李鸿章与俾斯麦之间那段自讨没趣的对话。

公允论之,李鸿章会俾斯麦,两人各自背靠的国家——清弱德强,无可否认。可作为个人,两人都是各自国家政界的重磅人物,加之两人有着去职下野的相似际遇,所以"李俾会"虽谈不上惺惺相惜,但仍称得上是一次对等的交流。俾斯麦对李鸿章的款待,规格极高;俾斯麦对李鸿章的答问,亦开诚布公。就像民国史家徐一士在《李鸿章游历欧美纪事》中所评价的:"二叟倾谈,亦当时中德两国间一佳话,鸿章每引为生平快事也。"

值得一提的是,长期居留德国的华人学者关愚谦,曾受邀参观位于福里德里斯鲁庄园的俾斯麦纪念馆,有机会接触大量的馆藏私人档案,其中就包括"李俾会"的一手资料和照片,最重要的是两人会晤的谈话记录。关愚谦依据自己的所见所得,撰文《李鸿章私访俾斯麦》,刊发于《视野》杂志2004年第一期。这篇文章堪称1896年"李俾会"最权威的披露和解读。文中,关愚谦从头至尾复述了李俾对话的所有细节,终而证实:李鸿章并未自称"我是东方俾斯麦",俾斯麦也没讥笑之"我非欧洲李鸿章"。这一来一回,实为杜撰。关愚谦对这次交流的评价是"礼遇有加,推心置腹"。

或许,于李鸿章而言,他比俾斯麦更看重双方交流的那种对等。此乃弱小国家的大政治家在外事场合所特有的敏感——一种对尊重的过量索求。这种敏感甚至会让人生出几许莫名的傲慢。梁启超在《李鸿章传》第12章中总结传主为人:

> 李鸿章接人常带傲慢轻侮之色,俯视一切,揶揄弄之。……李鸿章与外国人交涉,尤轻侮之,其意殆视之如一市侩,谓彼辈皆以利来,我亦持筹握算,惟利是视耳。崇拜西人之劣根性,鸿章所无也。

清末民初李岳瑞著笔记《春冰室野乘》中,也有关于李鸿章的一段掌故:

> 文忠卑视外人之思想,始终未尝少变,甲午以后,且益厉焉。……其使俄也,道出日本,当易海舶,日人已于岸上为供张行馆,以上宾之礼待之。文忠衔马关议约之恨,誓终身不复履日地。从人敦劝万端,终不许,竟宿舟中。

李鸿章使俄途中,是否有"为不履日地而宿舟中"的情节,值得推敲。而"水浅舟大",倒是对李鸿章政治生涯最经典的概括。他办洋务、练水师、通外交,成了德国海军大臣柯纳德嘴里的"东方俾斯麦",但他最终被历史记取的身份却是一个又一个不平等条约的签订者。

《庚子西狩丛谈》(中华书局2009年10月版,吴永口述,刘治襄笔记)里记录了一段李鸿章在甲午战争后的谈话:

> 我办了一辈子的事,练兵也,海军也,都是纸糊的老虎,何尝能实在放手办理,不过勉强涂饰,虚有其表。不

揭破，犹可敷衍一时。……乃必欲爽手扯破，又未预备何种修葺材料，何种改造方式，自然不可收拾。但裱糊匠又何术能负其责？

李鸿章的无力感，不仅属于他，也属于他所处的那个时代。

38 佩雷菲特再造的拿破仑"中国睡狮论"

1816年,英国贸易使臣阿美士德出使中国,商谈对华贸易。然而中英双方在礼节上出现分歧,阿美士德拒绝行叩头礼,结果未获嘉庆皇帝接见即被赶出北京。次年,英国使团在归国途中,途径关押拿破仑的圣赫勒拿岛。阿美士德登门拜访,向拿破仑讲述了自己在中国的遭遇。在对中国礼节的认识上,拿破仑与阿美士德有严重分歧;关于是否要"以武制华",持和平主张的拿破仑亦迥异于英国人。正是在双方的交流中,拿破仑说出了那句在中国广为传颂的名言:"中国并不软弱,它是一只沉睡的狮子,一旦它苏醒过来,必将震撼世界。"

这就是所谓拿破仑"中国睡狮论"的由来。现在看来,此说大有可疑之处。

著名史学家朱维铮先生曾在《先锋国家历史》2008年第11期上著文《清仁宗与拿破仑》,称"迄今没能从中外相关史著见到这则名喻的确切出处"。

中国社科院文学所研究员施爱东在《民族艺术》2010年第3期上刊文《拿破仑睡狮论:一则层累造成的民族寓言》(此文后来的网络流传版标题改为《"睡狮论"来龙去脉》,以下简称《"睡狮论"来龙去脉》),系统翔实地考察了"中国睡狮论"的形成过程,基本撇清了与拿破仑的关系。施爱东在文章摘要中提出:

> 关于拿破仑预言中国是一头睡狮,一旦醒来将震撼世界的传说,是顾颉刚所谓"层累造史"的典型个案。此说起源于20世纪前基督教话语及西方话语中常见的唤醒东方论,先被曾纪泽借用来阐释中国的外交姿态,继而被梁启超化用并创作了一则关于睡狮不觉的寓言。清末民族主义者以及革命宣传家,则把醒狮当作民族国家的象征符号,应用到各种民族主义宣传之中,广为传播。部分革命宣传家还试图将睡狮论与一些西方政治明星捆到一起,重新组装成一种新的政治寓言。在这种

宣传攻势下,睡狮论很快就超出革命宣传物,融入民众的口头传统当中,而在众多可供选择的故事主角中,口头传统最终选定了拿破仑。到了21世纪,这则政治寓言终于找到了一个可供嫁接的历史事件,落实为一段关于拿破仑教训阿美士德,预言中国将有伟大复兴的历史故事。

通读《"睡狮论"来龙去脉》,可以梳理出所谓拿破仑"中国睡狮论"形成的若干关节点:

其一,沉睡的概念,源自曾纪泽。1887年1月,刚刚卸任驻英、俄大使的曾纪泽以英文撰写的《中国先睡后醒论》(China, the Sleep and the Awakening)在英国《亚洲季刊》上刊登,文中提到,"愚以为中国不过似人酣睡,固非垂毙也"。

其二,狮子的比喻,出自梁启超。1899年4月,梁启超在《清议报》上发表了一则题为《动物谈》的寓言,称自己曾隐几而卧,听到隔壁某人说,他曾在伦敦博物院看到一个状似狮子、沉睡不醒的怪物。由此,作者联想到祖国,悲叹一声:"呜呼!是可以为我四万万人告矣!"而且,梁还故意混淆了曾纪泽撰写的《中国先睡后醒论》和其人善于画狮的特点,把"沉睡"与"狮子"合并打包为"睡狮",并将发明权一并颁予曾纪泽。

其三,代言人挂靠拿破仑,跟胡适有关。1915年3月,留学美国的胡适在为自己前一年创作的诗《睡美人歌》所写的补注中提及"拿破仑大帝尝以睡狮譬中国,谓睡狮醒时,世界应为震悚。"胡适的文字,将曾纪泽和梁启超接力炮制的"睡狮论"挂在了拿破仑名下。

至此,所谓拿破仑"中国睡狮论"这个超级IP完成了认证,并逐步成为中国人的"历史常识"之一。不过,拿破仑"中国睡狮论"的生产线如果就此打住,超级IP还仅是一个绝妙的创意。没有叙事背景的金句,在传播中终究还是一个悬浮着的金句。

好在已故法国学者阿兰·佩雷菲特的著作《停滞的帝国:两个世界的撞击》(生活·读书·新知三联书店1993年5月版,王国卿等译,以下简称《停滞的帝国》)在中国出版,为拿破仑"中国睡狮论"提供了剧本。《停滞的帝国》里的剧情,与本文第一段的叙述大抵类似,金句出自阿美士德在圣赫勒拿岛与拿破仑的交谈。

施爱东的《"睡狮论"来龙去脉》也引用了《停滞的帝国》中的表述。颇具玩味的是施爱东转引佩雷菲特内容时所用的修辞:"佩雷菲特语带犹豫地认为拿破仑还'可能说过'这样一句预言。"

公允论之,佩雷菲特在《停滞的帝国》中表述拿破仑名言的语态不是"语带犹豫",而分明是一位遣词造句的高手在表达无法核实的内容时所刻意营造的模糊。

事实上,佩雷菲特在《停滞的帝国》中,总共两次提及拿破仑"说过"这句名言,第一次见于书的《前言》,第二次见于书的第85章《圣赫勒拿岛上战俘的忠告》。摘录原文如下:

> 1973年我发表了对动荡中的中国的想法,其中多处提到马戛尔尼使团。许多读者询问我如何能得到那本书(作者1954年从克拉科夫的一个旧书商那里购买的一套旅行丛书,其中包含斯当东和巴罗关于马戛尔尼使团在中国旅行的纪实)。我曾有过再版该书的想法,因为那次出使在法国罕有人知。诚然,斯当东和巴罗的两部纪行当时很快被翻译,一时取得了相当大的成功。拿破仑读过这两本书。它们启发他说出了这句名言:"当中国醒来时,世界也将为之震撼。"(《前言》)

> 拿破仑对在伦敦广为传播的、用武力为英国商业打开中国大门的意见十分恼怒:"要同这个幅员广大、物产

丰富的帝国作战将是世上最大的蠢事。可能你们开始会成功,你们会夺取他们的船只,破坏他们的商业。但你们也会让他们明白自己的力量。他们会思考,然后说:建造船只,用火炮把它们装备起来,使我们同他们一样强大。他们会把炮手从法国、美国,甚至从伦敦请来,建造一支舰队,然后把你们战败。"后来日本人就是这么推理的,而不是中国人。为什么他们违背了拿破仑寄托在他身上的希望呢?为什么他们至今尚未证明他可能说过的预言:"当中国觉醒时,世界也将为之震撼"呢?(《圣赫勒拿岛上战俘的忠告》)

书中两次提及的拿破仑"说过"这句名言,前一次是"启发他说出",第二次是"他可能说过",都有语焉不详的味道。从两次提及的上下文看,都无法推断出拿破仑是何时、何地、哪个场合、对谁说的这句名言。至少从第85章《圣赫勒拿岛上战俘的忠告》中的那次提及来看,也无法肯定这是拿破仑对登门拜访者阿美士德说的。更重要的是,从拿破仑"可能说过"的这句名言看,它只是一句关于中国的预言——"醒来后何如何如"——怎么牵强附会,都扯不上"睡狮"二字。

佩雷菲特是20世纪下半叶在法国政坛和学界均有所建

树的人物,是著名的对华友好人士。法文版《停滞的帝国》出版于1989年,是佩雷菲特最重要的作品。1793年,马戛尔尼率领的第一个英国使团来华为乾隆祝寿,但双方因英使觐见时是否下跪的问题未达成共识,导致此次访华以失败告终。《停滞的帝国》主要讲述的就是马戛尔尼使团访华中由礼仪之争所引发的文明的冲突。而被认为是所谓拿破仑"中国睡狮论"出处的阿美士德访华使团,是英国对华派出的第二个大型使团。当然,阿美士德遭遇了与马戛尔尼相同的问题:觐见大清皇帝,跪还是不跪?结局也类似:败兴而归。

在《停滞的帝国》里,留给阿美士德使团的篇幅其实并不多,第84、85章,而描述阿美士德拜访拿破仑的内容仅限于第85章《圣赫勒拿岛上战俘的忠告》。这次拜访发生在1817年7月1日,其中阿美士德与拿破仑单独会谈的时间只有一小时。这一章里关于两人交谈的描述,援引的资料绝大部分是拿破仑私人医生奥米拉的回忆录《来自圣赫勒拿岛之声》。然而,查阅《来自圣赫勒拿岛之声》英文原版中关于这次交谈的记载,里面没有提及"睡狮论",也没有"当中国觉醒时,世界也将为之震撼"之类的表述。根据奥米拉回忆,两人交谈时主要是在拉家常。

孤证不立。再查阅另一本关于这次交谈的重要文献、阿美士德秘书亨利·埃利斯撰写的《阿美士德使团出使中国日志》(商务印书馆 2013 年 9 月版,刘天路等译),发现第八章《海上返程》中有关于阿美士德拜会拿破仑的内容。埃利斯称"拿破仑的谈话风格简练精辟,爱用警句,大量使用比喻和例举",但拿破仑的警句里没有"睡狮"之喻,也没有"当中国觉醒时,世界也将为之震撼",拿破仑更多的是对自己在圣赫勒拿岛处境的抱怨。

从谈话双方的第一手记载可以确认,拿破仑所云"当中国觉醒时,世界也将为之震撼"绝非出自阿美士德途径圣赫勒拿岛时对拿破仑的拜访。至于这句名言出自其他哪个场合,譬如《停滞的帝国》前言中所说的"拿破仑读过这两本书(斯当东和巴罗关于马戛尔尼使团在中国旅行的纪实)之后",佩雷菲特并没有给出精准的答案。这是佩雷菲特给读者留下的谜。

有趣的是,在《停滞的帝国》之前,也就是 1973 年,佩雷菲特还写过一本关于中国的书《当中国觉醒时,世界将为之震撼》(Quand la Chine s'eveillera…le monde tremblera),书名就取自这句出处未明的拿破仑名言。在这本书的题记中,佩雷菲特写道:

书名拜拿破仑所赐,关于这句预言的出处,未见于他的任何著作。拿破仑受到马戛尔尼使团中国旅行纪实的启发,对马戛尔尼的后继者阿美士德说了这句预言。1923年3月2日,列宁在其生平最后一篇文章《宁肯少些,但要好些》中重申了这个预言。

《宁肯少些,但要好些》不难找到,《列宁选集》(人民出版社1960年4月版)第四卷最后一篇即是。但在这篇文章中,列宁并未单独就中国的未来进行预测,而是将俄国、印度、中国等构成世界人口大多数的国家视作一个整体,在此基础上对社会主义的最后胜利充满信心。

总之,无论是《停滞的帝国》还是《当中国觉醒时,世界将为之震撼》,佩雷菲特都未就"当中国觉醒时,世界也将为之震撼"给出一个确切的出处。还是如前所述,佩雷菲特用高超的文字技巧,对一个无法核实的内容进行了模糊化处理。恰是这种模糊,为正在中文世界里自循环的所谓拿破仑"中国睡狮论"提供了最后一块拼图。从这个意义上说,佩雷菲特再造了拿破仑的"中国睡狮论"。

《当中国觉醒时,世界将为之震撼》成书23年后,即1996年,佩雷菲特另一部著述《中国已经觉醒》出版,"中国睡狮论"在他笔下实现了逻辑自洽。

附录　我多么希望这些美丽的句子是真的

　　《名言侦探》一书源自2018年底至2020年初刊发于澎湃新闻翻书党频道的专栏"语录侦探"。《名言侦探》成书之际,"语录侦探"专栏的责任编辑臧继贤与本书作者杨健进行了一次对谈,复盘了收入书中的那些真真假假的名人名言。

臧继贤(以下简称臧):在"语录侦探"系列中,你一般会出于什么原因怀疑某些名言是误传?

杨健(以下简称杨):我是一个天生的怀疑论者。小时候,我就是那种让大人感到沮丧的孩子,因为"大人说啥都不信"。

差不多20年前吧,我刚给媒体写专栏,也经常在文章里替名人编造一些"名言"。囿于当时的传播条件,此类龌龊的勾当尚未造成恶劣的社会后果。但这于我却有着深远的影响——原本就对"名人名言"缺乏敬畏的我,更是觉得所有的名人名言都面目可疑。我对当下中文世界里探头探脑的名人名言,一概持有罪推定原则,这就是我怀疑名言"可能是误传"的一般原因。相形之下,那些最终能验明正身的名言反倒成了特例。

臧:验证程序是否有一定的规则?还是说验证每句话都要另辟蹊径?

杨:有规则。验证一句名人名言的起点都是互联网。当我感觉一句名人名言有问题,第一步就是在互联网上尽可能仔细地搜索,考察这个句子的语言背景,譬如谁最早引用了它,引用的语境如何,引用时是否标明出处,它因为哪个人、在哪个时间点开始了病毒式传播等,然后我会循着网上的线索,核实纸质版的文献资料。总体而言,收入书中的38句名言,都是按照这个程序验证的,鲜有另辟蹊径的。

在此,我恐怕要为互联网正个名。我看到一篇报道说:

"互联网对假语录满天飞起了推波助澜的作用。"但这位记者显然忽视了另一方面,互联网同时也是一套公共审核机制。一句"名人名言"无论多么煞有介事,你得经得起万千网友的鉴别、质疑和人肉。对于假语录来说,互联网不仅是孕育它的温床,也是一个高风险的江湖,假语录在网上很容易被戳穿老底。事实上,在一些"名人名言"的网络留言和跟帖中,不难找到"谁谁谁压根儿没说过这句话""这句话明明是谁谁谁说的"……

臧:你在这个系列的考察过程中,最顺利或最有把握的语句有哪些?

杨:没有最有把握的句子。打个比方,我考察一句名言真实的出处,就像是迷失在黑暗岩洞中的探险者想找到逃生的洞口。有时候洞口离你很远,有时候又离你很近,有时候一转身就能看到那束微弱的光,有时候你会沿着一条错误的岔道越走越离谱。重要的是,对这一切你并不知晓。当然,有时候运气好,没拐几个弯、没走几步路,就能找到洞口,也就是名言真实的出处。不过,我不敢说哪些是最有把握的句子,因为在找到洞口前我并没有预估。

臧：目前成书的文章，是否做过修订？还有哪些是自己不太满意的？

杨：有两句名言，在文章刊发后，发现了新的线索。这些线索在成书时以"补注"的形式予以修订，这两句名言是"知识就是力量"和"在真相穿上裤子之前，谎言已经跑了半个世界"。

"语录侦探"系列，我有很多不满意的地方。这不是谦虚，而是作为"岩洞探险者"的我，在尝试之后才认清的痛苦现实：我所从事的这项工作与我的能力不匹配。一方面，部分名言我只是在证伪，即证明"它不是谁谁说的"，却无法确认"它是谁谁说的"；另一方面，部分名言我虽然自认为找到了原创者，却缺乏足够的说服力，甚至显得有些牵强。所谓"侦探"，其实很多案子并没能办成铁案，相反，倒成了无头案，甚而不排除是新的冤案。这是我最大的遗憾。

臧：人们为什么会把"打仗是为捍卫人民罢免我的权利"这句话安在丘吉尔身上？是否对这位二战中的重要领袖人物怀有过多幻想？

杨：在回答你这个问题之前，请允许我介绍另一句相关的名言:"对伟大人物忘恩负义,是强大民族的标志。"这句名言也被认为是丘吉尔说的,而且这句话被认为与"打仗是为捍卫人民罢免我的权利"有着大体相同的言说背景——丘吉尔带领英国打赢了二战,却输掉了战后的首次大选。丘吉尔的确说过"对伟大人物忘恩负义,是强大民族的标志",但丘吉尔只是引用,这句话的原创者是普鲁塔克。

丘吉尔在《第二次世界大战回忆录》中引用了普鲁塔克的名言,他并不是为自己鸣冤,而是为法国"老虎总理"克雷孟梭叫屈。克雷孟梭与丘吉尔有着相似的际遇,带领法国打赢了一战,却输掉了战后的总统大选。当然,《第二次世界大战回忆录》正是写于丘吉尔败选下野之后,他为克雷孟梭鸣不平,又何尝不是哀叹自己的命运?都是伟大人物,都遭到了选民的"背叛",怎不让人郁闷和无奈?

诚然,"打仗是为捍卫人民罢免我的权利"是假语录,但我佩服杜撰者完美地模拟了丘吉尔的语言风格和心理状态,且与时代背景严丝合缝。此外,就像我在考察这句话的文章中所说:"当一句格言背后站着一种价值观,往往会显得脍炙人口。这种脍炙人口,会让任何质疑都不合时宜。"这种价值观表面上看是"忘恩负义",是"端起碗来吃肉,放下筷子骂娘",但其本质是民主政治和选举制度的良性运行,是选民的权利得到了呵护。

关于人们是否对丘吉尔怀有过多幻想的问题,我想说的是,丘吉尔的语言表达能力的确值得人们怀有更多幻想,他的口才太好了。换言之,什么样的精彩话语安在丘吉尔身上,我都不会觉得奇怪。据我观察,丘吉尔可能是被杜撰名言最多的名人。

臧:"婚姻是一座围城,城外的人想进去,城里的人想出来"一文的考证很有启发性。你是如何想到在蒙田的著作中寻找相似的说法?

杨:这是一个偶然。我在考证婚姻的围城之喻时发现,西方人自古就对婚姻抱着一种"憧憬与逃避、渴望与厌弃"的矛盾心态。苏格拉底还留下了那句关于婚姻的至理名言:"娶妻还是不娶妻,人不论做哪一样,都会后悔。"苏格拉底的话,与婚姻的围城之喻在意思上已经很接近了。那么,从苏格拉底对婚姻的理解到钱锺书的围城之喻,谁完成了中转?近世西方思想家中,谁受苏格拉底影响比较大?在我的印象里,应该是蒙田。于是我抱着试试看的态度找来了《随笔集》进行全文搜索。很幸运,我不但找到了苏格拉底"娶妻还是不娶妻"的名言,还找到了婚姻围城之喻真正的源头。一个很粗忽乃至想当然的判断,得到了如此舒心的结果。一切都是运气。

承载语言流变和传播的,是纷繁复杂、浩如烟海的文献史料。从钱锺书的《围城》到蒙田的《随笔集》,这个线索淹没其中。我只是偶然发现,但并不拥有。拥有它的人,需要很高的知识站位,需要上帝视角,我肯定不具备。

臧:在培根"知识就是力量"这篇中,你找到了《圣经》中一个与之相近的句子:"智慧人大有能力;有知识的人,力上加力。"培根所谓"知识"是指人们对自然的了解,那么《圣经》中的知识是否与培根的知识有同样的内涵?

杨:培根所谓的"知识"带有鲜明的工具属性,具有浓厚的经验论色彩。而《圣经》箴言卷中所谈及的"知识",等同于"智慧",而且是大智慧,类似于天启,所以是超验的。

臧:"不曾哭过长夜的人,不足以语人生",你借助台湾网友的来源考证,最后锁定歌德的教育小说《威廉·迈斯特的求学年代》,但"谁从不含泪吃自己的面包,谁从不坐在自己的床上哭泣,度过这愁肠百结的深宵,他就不识你们苍天的威力"和原句虽然在意思上一致,但在句式和用词上还是有差异。这是因为台湾的译本和大陆的译本有区别?还是说这个问题可以继续探究下去?

杨:这是华夏出版社张荣昌译本,据我所知,台湾译本与大陆译本大同小异。这句名言传播过程中,担任"二传手"的卡莱尔,在将《威廉·迈斯特的求学年代》译成英文时也是绝对忠实于歌德的原文。换言之,无论哪个版本的《威廉·迈斯特的求学年代》,文中的名言都是"不曾哭过长夜的人,不识苍天的威力",而非"不曾哭过长夜的人,不足以语人生"。"不足以语人生"的句式第一次明确出现,是鹤见祐辅所写的《拜伦传》。所以,我要感谢你,臧老师,是你点拨了我,重新发现了我曾在文章中提及却不自知的线索。

臧:被"侦探"的句子中,涉及前互联网时代的外国名人比较多,比如伏尔泰、丘吉尔、拿破仑、俾斯麦等。是因为信息不通畅还是翻译的问题?以后此种名人名言的误传是不是会很少出现?或者即使出现也更容易甄别?

杨：单就我这个"语录侦探"系列来说,因信息不通畅而导致的讹传误植,要远超翻译的问题。而"信息不通畅",主要是因为在前互联网时代,各种真真假假的信息,无法在一个统一、开放的公共审核平台上接受检验。事实上,如果没有互联网的加持,无论多么博闻强识的学者,都有可能产生记忆的偏差和判断的失误。我相信,以后这种名人名言误传的现象肯定会减少,或者说即使出现也很容易甄别。互联网上造假容易,打假更容易。

臧：有些格言无论谁说过,都具有传播力,比如"你可以暂时欺骗所有的人,你甚至可以永远欺骗一部分人,但你不能永远欺骗所有的人",但人们还是愿意将其放在林肯名下。你怎么看待这种"名言认名人"的现象?

杨：善意会成就误会,巨大的善意会导致最深的误会。人们总是希望一句脍炙人口的名言挂在"像是说出它的那个人"的名下,就好比期待白富美最终嫁给高富帅。有时,我也希望这些美丽的句子是真的。可真相只有一个,并且多半不以人们的良好意愿为转移,所以"语录侦探"多半也会让人沮丧。

好在罗素(不是哲学家伯特兰·罗素,而是他的祖父、政治家约翰·罗素)说过,谚语是一人的机锋、众人的智慧。以此观之,即便找到了名言的原创者,功劳也不能算在他一个人头上。毕竟,在名言广为流传的过程中,有许多奉献了智慧的默默无闻的搬砖者。

后记

由于疫情,《名言侦探》出版延宕近两年。正因为如此,我才更加珍视那些在成书过程中曾经帮助过我的人,就像老来得子的父亲要给每一位送过偏方的热心肠磕头作揖。我借书的最后一页,将这些帮助过我的人分门别类,挨家挨户送上感恩的小曲儿。我,始终念着你们的好。

感谢我澎湃的朋友:智刚大哥、有鬼君、臧继贤小妹。澎湃以及她的前身东早,历来是最优待我的媒体,也是我最信任的媒体。《名言侦探》作为专栏(原名《语录侦探》),就是刊发于澎湃,你们费心了。我记得当初讨论选题时智刚大哥一杯黄酒下肚一切都不在话下的劲头,我也记得有鬼君把冯象先生在朋友圈转发我稿件的截屏私信我的情景,我更不会忘记臧继贤小妹每一次把稿件链接转给我时配送的那句"哥,稿子发了"。澎湃的朋友,谢谢你们!

感谢我年轻的同事:李勤余、邵大卫、孙欣祺、周辰。写作《名言侦探》,需要查阅大量的文献、资料和书籍。每次我有这方面的需求,李勤余总是第一时间在网上找到书的电子版,邵大卫总是第一时间将电子书转换成可供搜索的 WORD 文档,孙欣祺和周辰总是第一时间将外网资讯编译成我能看懂的中文。这个程序中,你们就像是已经列出了解题的公式,而我只是按了一下回车键。在此,我要把周辰单独拉出来千恩万谢。收入书的 38 句真假名言,差不多有一半的句子是由周辰完成了基础信息的核实。没有周辰,我这个"侦探"还破哪门子案啊?年轻的同事,谢谢你们!

感谢我书的编辑陈卓。从《画外因》到《名言侦探》,我不但收获了几本所谓出版物,更收获了一位可以把手机充电图标从满格聊到亮红的朋友,你的鼓励、提醒和承诺,支撑着我在个性化写作上一条道走到黑。我希望我们的合作能继续下去,我才不管你究竟是在北京还是南京呢。人与人之间的默契不需要训练,信赖就是接你电话时听到的那句京味十足的"嘿,杨健兄"。嘿,陈卓兄,谢谢啦!

图书在版编目(CIP)数据

名言侦探 / 杨健著. —南京：南京大学出版社，2022.5
 ISBN 978-7-305-25471-0

Ⅰ.①名… Ⅱ.①杨… Ⅲ.①格言-研究-世界 Ⅳ.①H033

中国版本图书馆 CIP 数据核字(2022)第 038671 号

出版发行	南京大学出版社
社　　址	南京市汉口路 22 号　　邮　编 210093
出 版 人	金鑫荣
书　　名	**名言侦探**
著　　者	杨健
责任编辑	陈　卓
书籍设计	周伟伟
照　　排	南京紫藤制版印务中心
印　　刷	南京爱德印刷有限公司
开　　本	787×1092　1/32　印张 10　字数 217 千
版　　次	2022 年 5 月第 1 版　2022 年 5 月第 1 次印刷
ISBN	978-7-305-25471-0
定　　价	59.00 元
电子邮箱	Press@NjupCo.com
网　　址	http://www.njupco.com
官方微博	http://weibo.com/njupco
官方微信	njupress
销售咨询	025-83594756

版权所有，侵权必究

凡购买南大版图书，如有印装质量问题，请与所购图书销售部门联系调换